平山枝美

たかうま創［作画］　新田哲嗣［シナリオ］

マンガでわかる 売れる販売員が絶対言わない接客の言葉

日本実業出版社

主な登場人物

糸井里香《いといりか》

ever n’ ever新宿店のトップ販売員。雑誌で特集を組まれるほどの接客スキルの持ち主。奈緒の教育係。

桜野息人《さくらのいくと》

ever n’ ever新宿店店長。奈緒を池袋店から新宿店へ呼んだ人物。販売員の育成に定評があり、新人だった里香に接客を教えた。

高山奈緒《たかやまなお》

主人公。ever n’ everの新人販売員。最初のお声がけもうまくいかず、売上を思うようにあげられず、販売員をもう辞めようか悩んでいる。

ever n’ ever《エヴァンネバー》

「今までの私じゃない」をコンセプトに、内面の輝きを引き出すアイテムを提案するセレクトショップ。物語の舞台。

マンガを読むだけで「売れる販売員」になれる――はじめに

最初の声がけが苦手。

お客様のニーズをうまくつかめない。

商品説明しても反応がイマイチ。

もうひと押しができない。

こうした悩みを抱える人に、マンガを気楽に読んで、「売れる販売員」になっていただきたい――これが本書の目的です。


同じショップで同じ商品を扱っていても、売れる販売員とそうでない販売員の売上に差が出るのは「接客の言葉」が違うからです。

あるとき、私がうまく声をかけられなかったお客様に先輩スタッフが自然に声をかけ、お客様もうれしそうに商品を購入していきました。そうしたことが何度かあり、先輩と私では「接客の言葉」が違うことに気づいたのです。それ以来、私と先輩の言葉の違いをメモして実践するようにしました。すると、お客様に合った商品を提案できるようになり、「あなたから買いたい」と言ってもらえるようになりました。

ふつうの販売員はつい言ってしまうけれど、売れる販売員がほぼ言わない接客の言葉があります。

たとえば、

・「売れています」
・「私も持っています」
・「〇〇と思います」
・「お安くなっております」

といった言葉は、よく売り場で耳にする言葉です。実は、売れる販売員はこうした言葉をほとんど使いません。

本書では、「ふつうの販売員がよく言うけれど、売れる販売員がほぼ言わない言葉」をNGフレーズとして、その理由とともにどう言い換えればいいかをOKフレーズとして紹介しています。これらのフレーズは、拙著『売れる販売員が絶対言わない接客の言葉』（日本実業出版社）で、とくに好評だったものを精選したものです。

マンガを読むだけで、避けたほうがよいフレーズとその理由がわかります。さらに解説を読めば、より深く理解できるように構成しました。

拙著『売れる販売員が絶対言わない接客の言葉』は、

「実践したらすぐに売上が伸びてビックリしました」

「後輩にこの本をプレゼントしています」

「ECサイト関係者にこそ読んでほしい」

などと身にあまるお言葉をたくさんいただき、販売員のみなさんのお役に立ちたいという思いをますます強くしました。それを形にしたひとつがこのマンガです。

本書が、日々の仕事で忙しく疲れている読者のみなさんがマンガを気楽に読んで、お客様のニーズにあった商品を提案し、売上をあげ、お客様に快適な生活をお届けするきっかけになれば幸いです。

『マンガでわかる　売れる販売員が絶対言わない接客の言葉』　もくじ

第1章

最初のお声がけは難しくない

第2章

答えづらい質問はしない

第3章

お客様が聞きたくなる商品説明のコツ

第4章

決め手になる言葉でひと押しする

EPILOGUE

カバーデザイン　小口翔平＋山之口正和（tobufune）
編集協力　トレンド・プロ
DTP　一企画

PROLOGUE

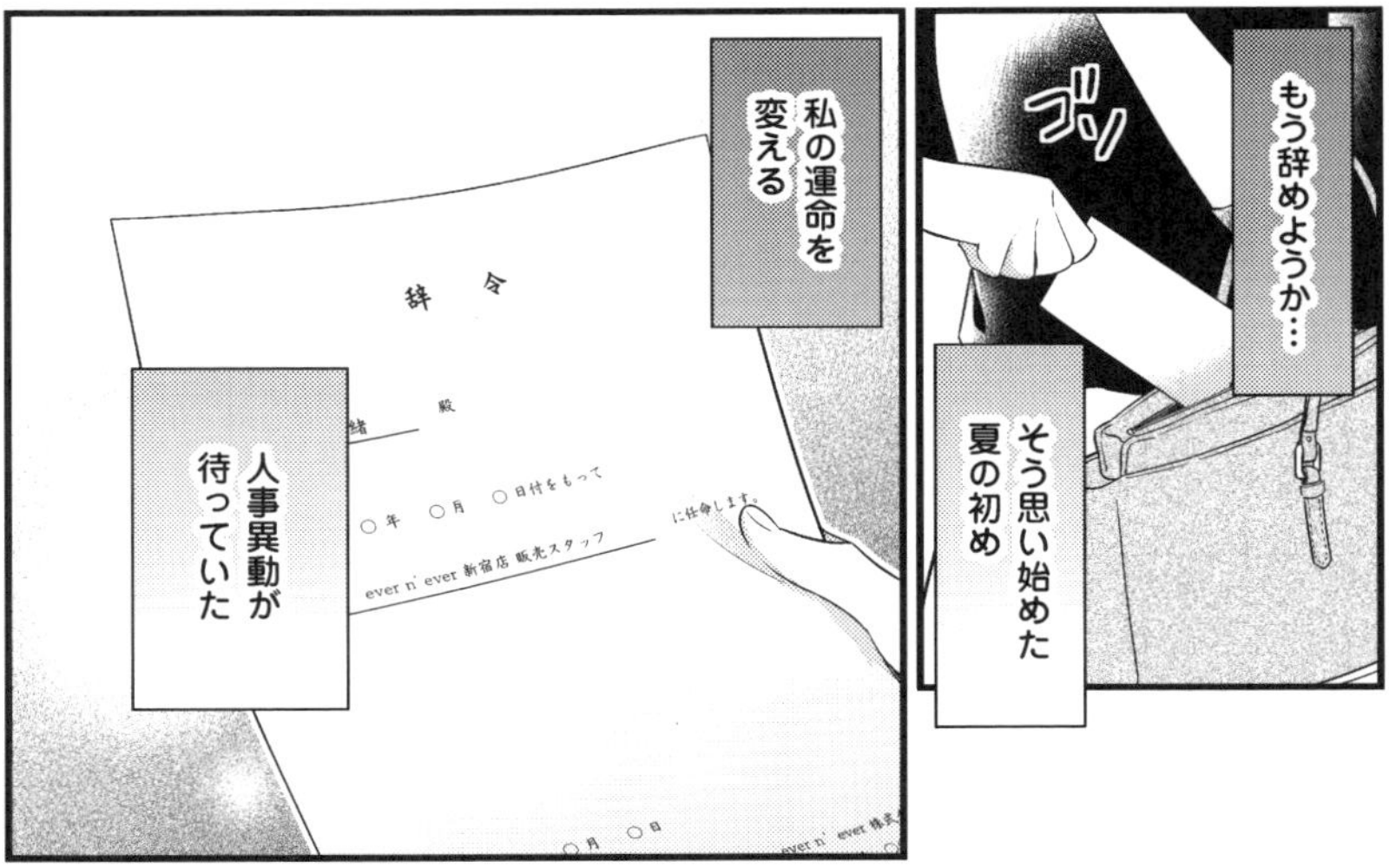
もう辞めようか…
ゴソ
そう思い始めた夏の初め
私の運命を変える
辞令
殿
○年　○月　○日付をもって
ever n' ever 新宿店 販売スタッフ
に任命します。
人事異動が待っていた

なんで売れないんだろう
7月
東京・池袋――
私に何が
足りないんだろう
池袋駅
東口
服が好きで
飛び込んだ
ファッション業界
ever n' ever
ever n' ever
販売員
高山奈緒
売り場に
立ち始めたときは
無我夢中で……

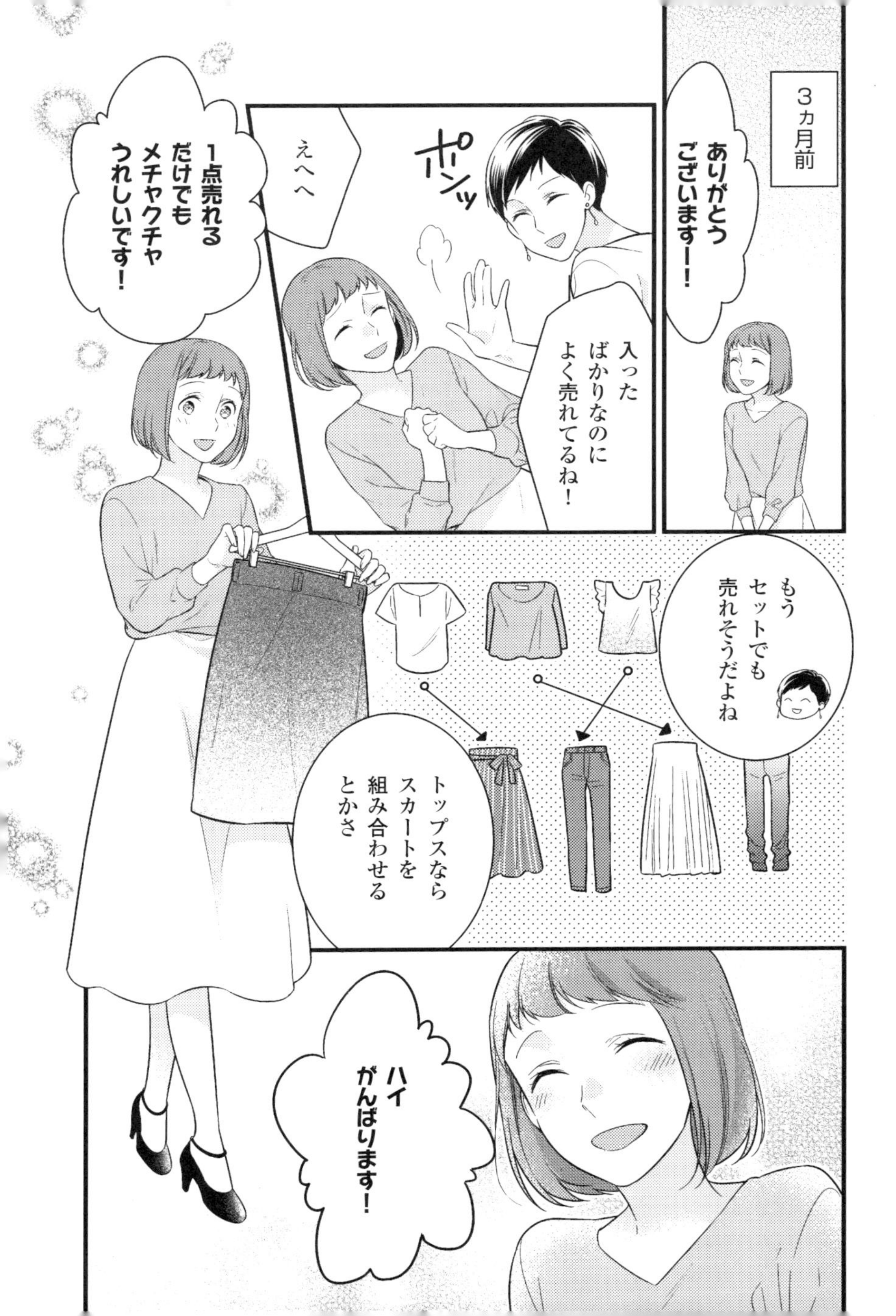
3カ月前
ありがとうございますー!
ポンッ
入ったばかりなのによく売れてるね!
えへへ
1点売れるだけでもメチャクチャうれしいです!
もうセットでも売れそうだよね
トップスならスカートを組み合わせるとかさ
ハイがんばります!

調子がよかったのも最初だけで
そーなんですね～
ありがとうございますー
奈緒ちゃん？どうしたの？
ずうん…
セールの勢いも何もない今は
ポン
あ、いえ なんでもないです……
ぱっ
売り場に立っているのがつらい……
ちょっといいかな
……

スッ…
売上一覧
売上額
目標
売上、悪いのわかってるよね？
がんばってるのはわかるんだけどさ
…すみません
はあ…
あの…
ギク
もうひとつ上のサイズありますか？
は、はい 少々お待ちください

すみません
先ほどの商品の
サイズは
今出ているもの
だけでして
こちらのは
形が違うん
ですけど……
ああ……
じゃあ
いいです
やっぱり…
ダメか
ザアァァァ
お客様の言葉
ひとつひとつが
ほかも見たい
んで……
またに
します……
私から自信を
削り取っていく

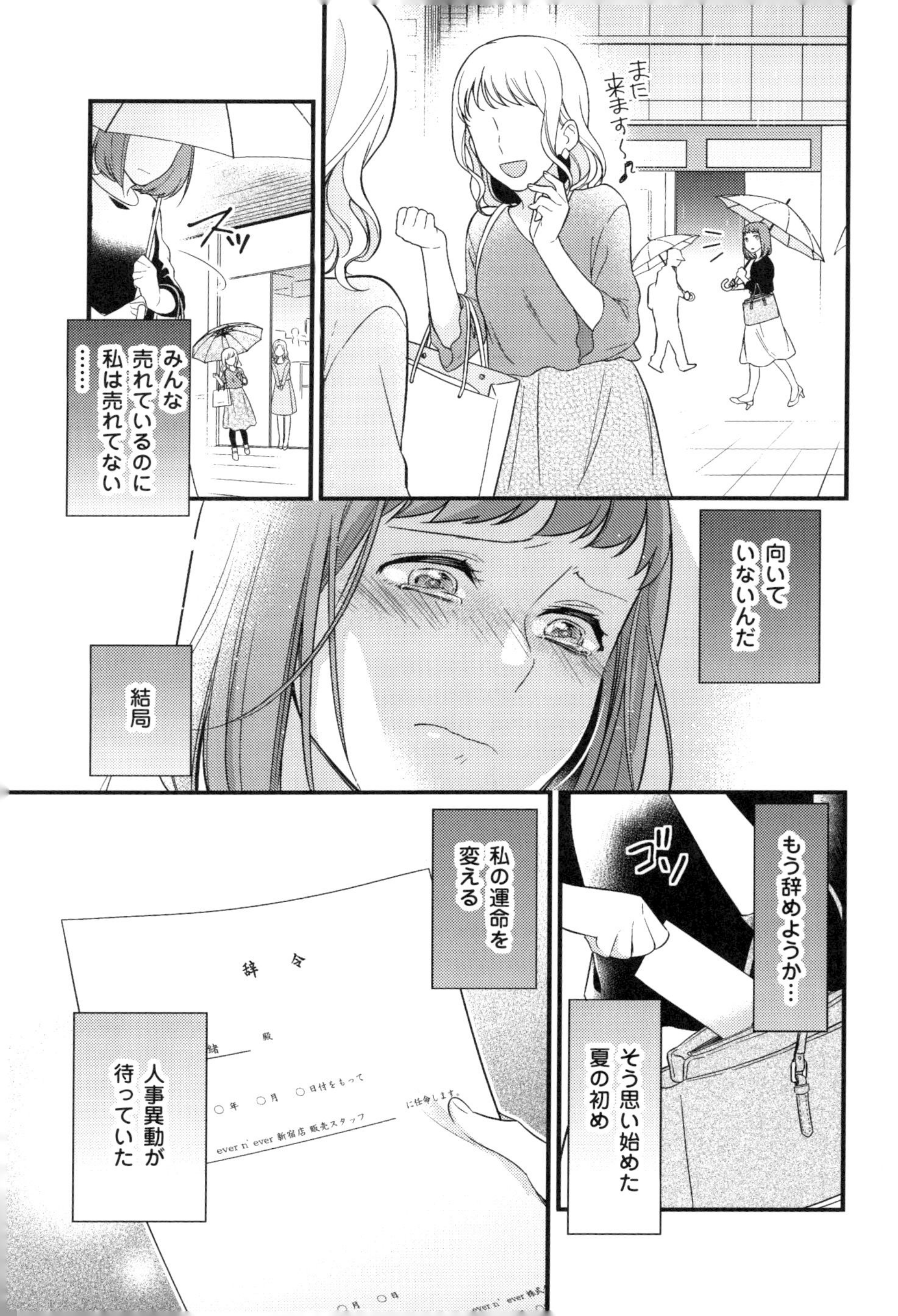
また来ます〜♪
ズッ
みんな売れているのに私は売れてない……
向いていないんだ
結局
もう辞めようか…
ゴソ
そう思い始めた夏の初め
私の運命を変える
人事異動が待っていた
辞令
殿
○年 ○月 ○日付をもって
ever n' ever 新宿店 販売スタッフ
に任命します。

第1章

最初のお声がけは難しくない

池袋店から異動で来てくれた高山奈緒さんだ
みんな一緒にがんばっていきましょう
ever n' ever 新宿店長 桜野息人
よ、よろしくお願いします
よろしく おねがいしまーーす
……

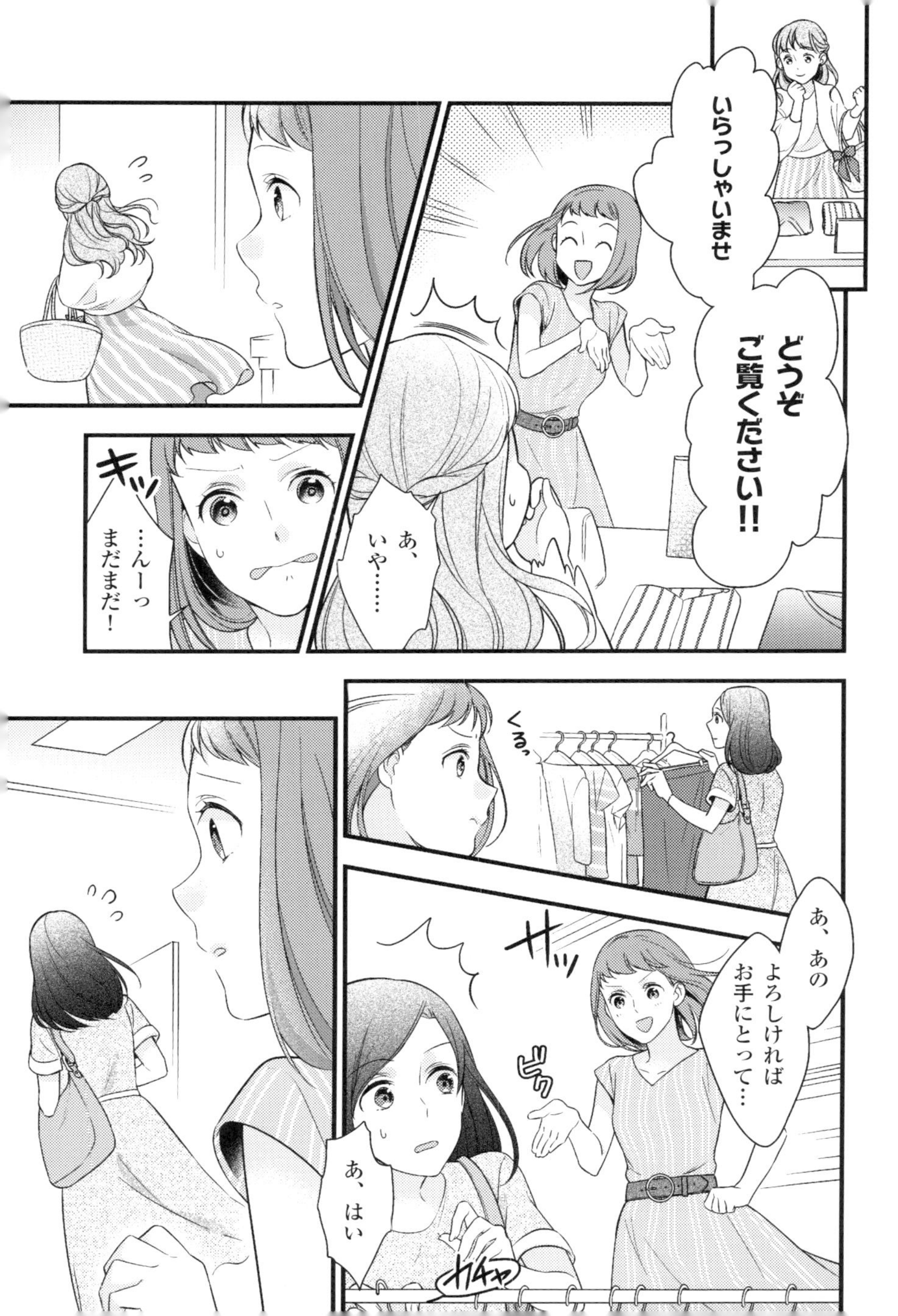
いらっしゃいませ
どうぞ
ご覧ください!!
あ、
いや……
キッ
…んーっ
まだまだ!
くるっ
あ、あの
よろしければ
お手にとって…
サッ
ビク
あ、はい
カチャ

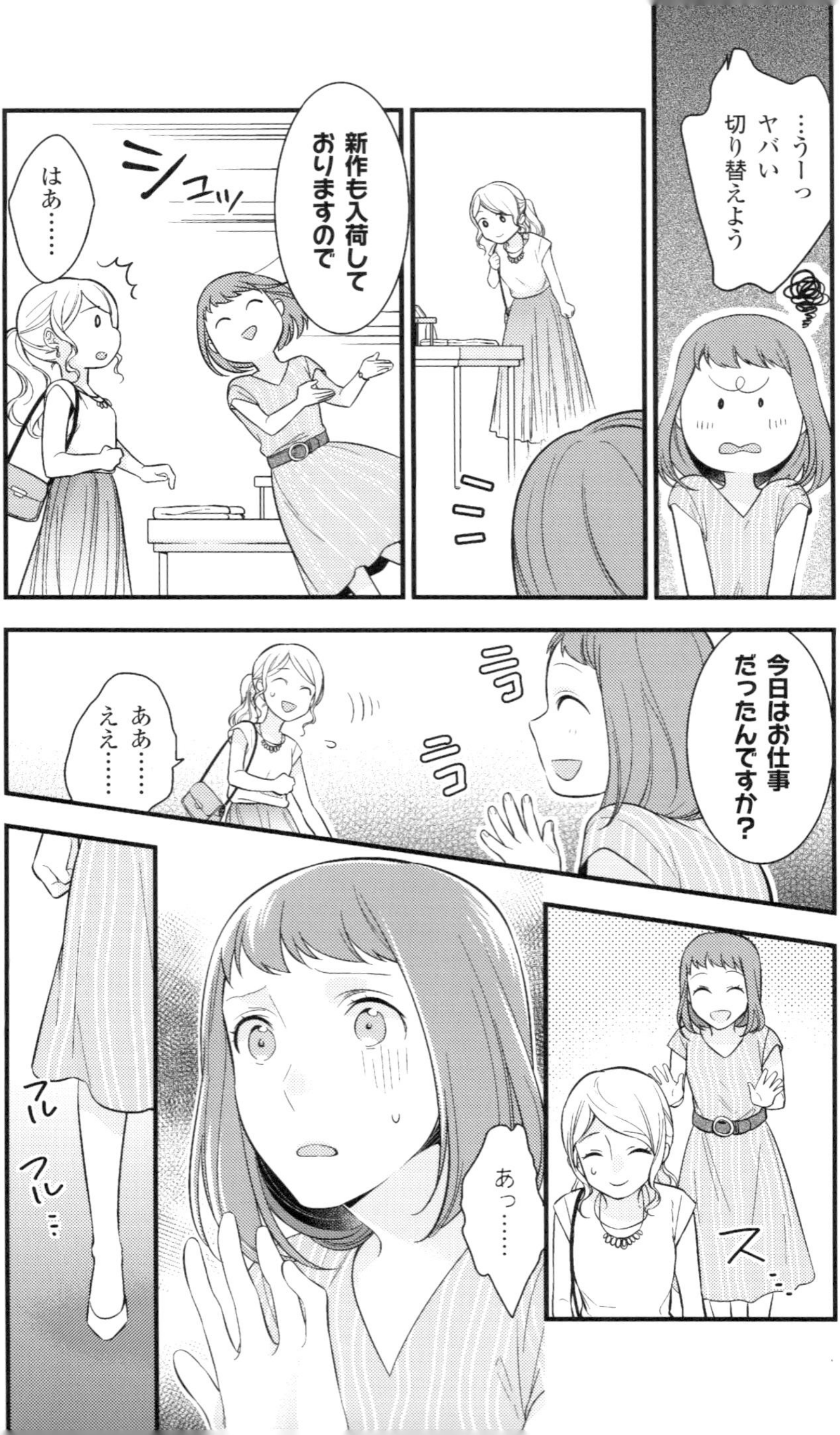
…うーっ
ヤバい
切り替えよう
新作も入荷して
おりますので
シュッ
はあ……
ニコ
ニコ
今日はお仕事
だったんですか？
ああ……
ええ……
フル
フル…
あっ……
ス…

スッ…
池袋店で苦労していたのもわかりますね
ピッピピ
ああ…売れにくくなる時期とはいえひどいな
ever n' ever
トップ販売員
糸井里香
売れないせいで
自信を持てなくなってるんだよな
お店に来てるんだったらちょっとくらい話聞いてよ……
なんで私だけ売れないの!?
みんな同じ商品を売っているのに……
ポロッ…

新人に
よくありますよね
この業界では
研修のロープレでは
うまくできてたんだ
面倒
見てくれよ
うちの
トップ販売員
として
ドサドサドサァァァ
…もう
やだ……
モワァ…
やるだけ
やってみますよ
時間は
かかるかも
しれないけど

数週間後
…で やっぱり これか……
う〜〜
ホイヨッ 生《なま》 おかわりと 子持ち ししゃもね〜
アタヒ ダメなんです…
でも何がダメか わからなくて
あ わからないから ダメなんだ…
いや ダメだから わからない
そもそも…
アタヒ デザインが やりたくて 入社したのに
お客様に興味が 持てないし
気が利《き》かないし
アタヒより 売れる人
いーっぱい いるだろうし
あー もういい!
ンフ
黙って 聞いてたら 愚痴ばっかり なんだから
里香さんは いいですよね
売れている 販売員だから
カラン

どんなお客様でも話を合わせられて盛り上がるし
コーディネート丸ごと売れるし
お客様だってたくさんいるし
どうしてなのかわからない
たった1年しか経験の差がないのに……
ever n' ever

がばっ
アタヒと里香さんじゃ
センスが違うんですか!?
え…なんかすみません
ガッ
あ
いえこちらこそ
ぐりんっ
こっち!
あハイ
あのね
たしかに1年しか違わないけど
私は一度も愚痴なんか言ったことないわよ
ムッ

お客様から悪い反応があったなら
その原因は自分の接客にあるの
ギュ…
…
それを振り返らないことには
あなたは前に進めない
お客様から見たら
あなたはロボットなのよ
どういうことですか？

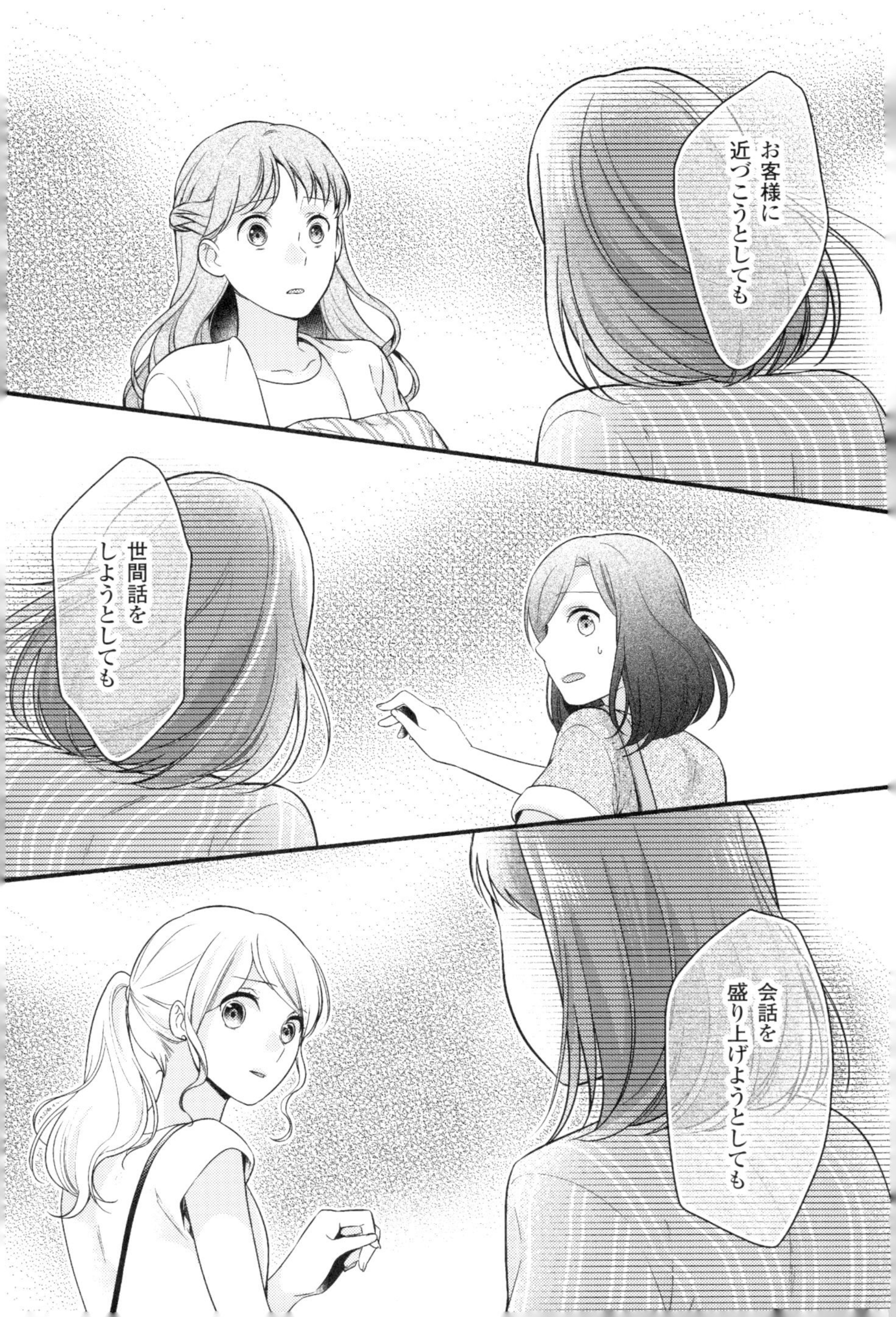
お客様に近づこうとしても
世間話をしようとしても
会話を盛り上げようとしても

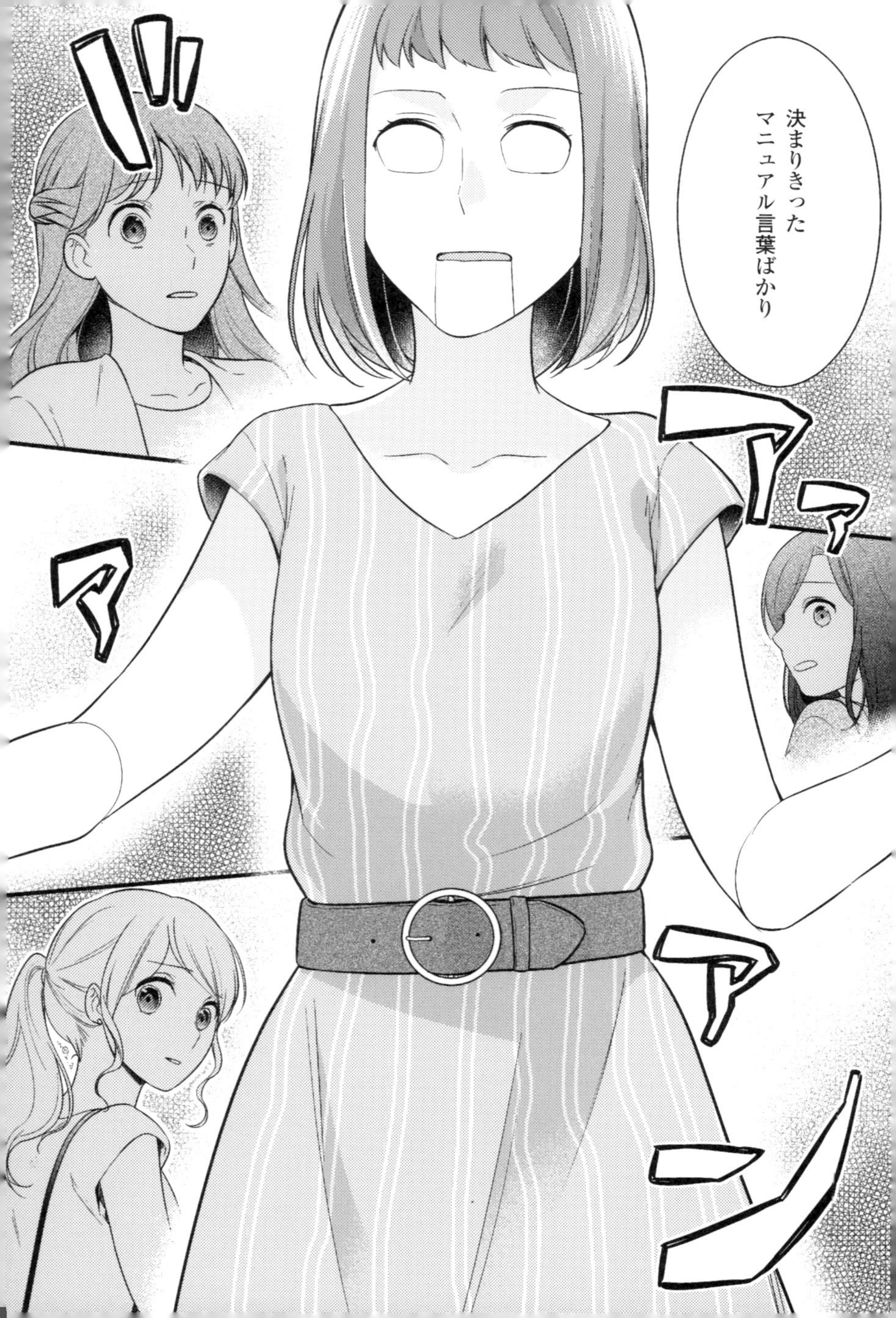
決まりきった
マニュアル言葉ばかり
アァ
ア
アン

接客で大事なのはセンスじゃない
お客様のことを考えた言葉よ
覚えておくことね
売れる販売員が
絶対言わない接客の言葉を

ever n' ever
コクッ
まず
お客様に入店して
もらいたいなら
お客様が
見てみたいと
思える内容を
盛り込むの
いらっしゃいませ
新作のTシャツも
多数入荷しています

Ladies Fashion
お客様は販売員の声出しの中身まで
実はしっかり聞いているものなの
あ
Tシャツほしかったんだよね！
寄っていい？
そうね見ていこうか
どうぞごゆっくりご覧くださいね
ほかにも**「完売していた○○が入荷しました」**とかバリエーションはいろいろ
必死になりすぎると「売りつけられそう」と思われるから注意して
…！
よっし

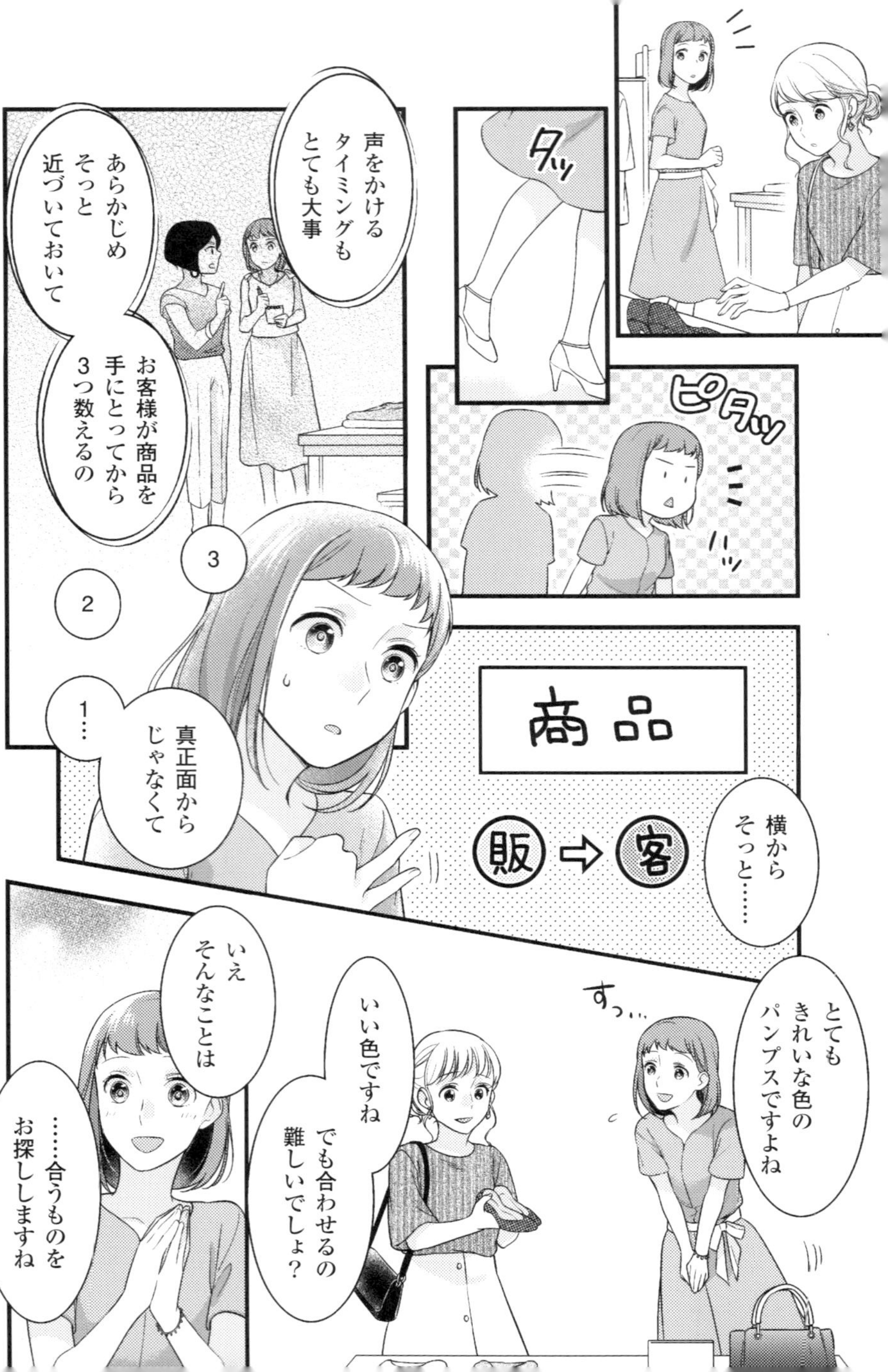

タッ
ピタッ
声をかける
タイミングも
とても大事
あらかじめ
そっと
近づいておいて
お客様が商品を
手にとってから
3つ数えるの
3
2
1…
商品
販
客
横から
そっと……
真正面から
じゃなくて
すっ…
とても
きれいな色の
パンプスですよね
いい色ですね
でも合わせるの
難しいでしょ？
いえ
そんなことは
……合うものを
お探ししますね

糸井さん すごく 指導上手だな
1年前
よろしければ お鏡ございますので
「よろしければ」を使わない ようにしよう
誰かさんから 教えてもらった 受け売りですけど
糸井さんが ここに来たときを 思い出すよ
ほかの販売員も 言ってますよね?
だからって 正解とは かぎらないんだ
目の前にいる お客様のサインを 見逃さないで
商品を手にとった ばかりなのに 鏡を見たいと思うか?
いきなり鏡を 勧めるんじゃなくて
そういう気分に なっているかを よく見るんだ
あ

ちょうど膝が隠れるくらいの丈ですね
パンプスともよく合ってお似合いですよ
べー
昔のことなんて忘れちゃいました
またお声がけしますねー
ふーーー
あれ？
スッ

ゴソ…
ゴソ…
最近よく来てる人だ……
何かお探しですか？
私やっぱり……
……
だっ
ええっ
……？

01

「いらっしゃいませ、どうぞご覧ください」は耳障り？

「いらっしゃいませ　どうぞご覧ください!!」

奈緒は店の前を歩いているお客様に、満面の笑み、そして大きな声であいさつしました。ところが、お客様は引き気味。

あなたも「売り場では元気よく声を出してね」と言われたものの、お客様の微妙な反応に疑問を感じたことはありませんか。

「大きな声出し」が逆効果になることも

私がアルバイトしていた雑貨店では、入店するお客様が少ないことが問題になっていました。そこで、お店の入口で、呼び込みの声出しをすることになりました。声が大きいほどいいと思った私は、目の前を通るお客様一人ひとりに目を合わせながら、「いらっしゃいませ、どうぞご覧ください‼」と声を張り上げました。

しかし、お客様は私と目が合うたびに、気まずそうに下を向き通り過ぎていきます。入店するどころかお客様からうっとうしがられていることがわかり、私はだんだんと自信をなくしていきました。入店するお客様も減っていくばかりです。

入店するお客様を増やすために店が最初にとる対処は「大きな声出し」です。しかし、**店内にお客様がいないときに一所懸命に声出しをするのは逆効果**でしょう。人気《ひとけ》がなく、暇そうな店内に視

線を集めるだけだからです。それに加えてお客様と目が合ってしまうと、「お店に入ったら売りつけられそう」と自分がまるで標的になったような気持ちになり、気まずく感じてしまいます。

声出しは、すでにお客様がいる店により多くの入店を促したいときに、とくに大きな効果を得られます。

たとえば、スーパーのタイムセール。人が群がり始めているときに声を出していると、周りの人が何かいいものがあるかもしれない、と集まってきます。**声出しには「店に注目させる」という効果があるので、視線の先に興味を引かれることがあると、お客様は入ってみたくなる**ものです。

「見たい」と思える具体的な情報を伝える

では、入店するお客様を増やすためにできる声出しとはどのような言葉でしょうか。

ポイントは、**お店の前を歩く人たちが「見たい（買いたい）」と思う内容を盛り込む**ことです。

たとえば、パン屋の「ただいま、焼き立てです！」には多くの人が振り返ります。せっかくなら焼き立てのおいしいパンを買いたい、と思うからです。

これを自店のお得な情報に置き換えてみましょう。もちろん、ささいなことで構いません。

「**完売していた○○が再入荷しております**」

「**父の日（母の日）ギフトをお探しの方にピッタリのアイテム、入荷いたしました**」

「**○○円以上で、配送料無料です**」

このように、具体的な内容を伝えると、お客様に入店を促しやすくなります。

セール時期には、「今なら試着室が空いております」「レジに並ばずご案内できます」など、他店の混雑状況を見比べて、具体的な言葉を選ぶと、お客様を誘導しやすくなるでしょう。

ある店で実際にこのような声出しをしたところ、まるで吸い寄せられるかのように入店するお客様が増えていきました。**お客様は一見聞いていないようでいて、実は販売員の声出しの中身までしっかり聞いている**のです。

声出しと同時に心がけたいのは自然な動作です。空気を動かすようにテンポよく商品を整えながらお客様を待つ姿勢をとりましょう。接客をしているとお客様が入ってくる、と言われるのは、人が自然に動く環境づくりができているからです。ふだんの生活のとおり、手や足、顔の筋肉が動いているかどうかを意識しながら、売り場に立ってみましょう。

お客様を呼び寄せるためには、がむしゃらに声を出すだけではなく、その内容に注意しましょう。きびきびと動きながら、お客様が思わず耳を傾けたくなる言葉をかければ、入店するお客様は増えるはずです。

声がけの内容を工夫する

NG

「いらっしゃいませ、どうぞご覧くださいませ」

「見たかったら勝手に見るし」と、白けてしまうひと言。あまりに当たり前すぎて、お客様は興味を引かれません。お客様が「おや？」と思えるよう工夫しましょう。

OK

「完売していた○○が再入荷しております」「○○円以上で、配送料無料です」

お客様が考えている「お得」を言葉にしましょう。興味を引かれて思わず入店したくなる内容を伝えれば、入店するお客様の数はぐんぐん増えていくでしょう。

02

お客様から嫌がられないアプローチのタイミング

奈緒は入店したお客様に元気よく話しかけても、お客様の反応がよくないことに悩んでいました。奈緒のように、お客様に意気込んで話しかけたものの、空振りしている人も多いのではないでしょうか。

テレビやネットでは、「販売員に声をかけられるのが嫌だ」という意見がよく聞かれますが、タイミングが合えば一概に嫌がられるものでもありません。

最初の声がけは焦らずに

私が初めて店長を務めたある郊外のショップでは、店内はおろか、通路にもお客様はまばらで、入店するお客様がきわめて少ない状況でした。それなのに、入店するお客様の多い他店と同じ高い予算だったのです。なんとかしなければと思った私は、スタッフに「お客様には一人残らず、声がけしよう」と指示を出しました。

スタッフはがんばってくれました。

目の前にいる
お客様のサインを
見逃さないで
商品を手にとった
ばかりなのに
鏡を見たいと思うか?
う〜ん
あ…
いきなり鏡を
勧めるんじゃなくて
そういう気分に
なっているかを
よく見るんだ

私も含めた全員がお客様をぴったりとマークし、手にとった瞬間にすかさず声をかけます。しかし、お客様が話に応じてくれる気配は一向にありませんでした。なかには、「もう少し一人で見たいので」と言って、はっきりと接客を断られることさえありました。それを何度も繰り返すうちに、スタッフは「もう断られるのが怖いです」とファーストアプローチ（最初の声がけ）を避けるようになり、売り場の士気はどんどん下がってしまいました。

なぜ、このようなことが起こったのでしょうか。それはファーストアプローチを焦りすぎたためです。私たちはお客様をジロジロと観察し、商品を手にとった瞬間に飛びつくように話しかけていました。まるで、獲物を狙っているかのようです。

お客様もその気配を察し警戒していました。そのため、声をかけたとたん、逃げるように店から去ってしまったのです。**ファーストアプローチをするなら、その前からお客様が落ち着いて接客を受けられる状態かどうかに気配りをする**べきでした。

手にとって3秒してから話しかける

「商品を手にとってから声をかける」のは接客の基本とも言われています。お客様の興味が高まるときに、声をかけ同調しなさい、という意味です。この意味を理解せずに、お客様が商品を手にとった瞬間、狙ったように話しかければ、より警戒心は増してしまうでしょう。お客様が声をかけられる準備が整うタイミングを見計らって声をかけると、その先の話を聞いてもらいやすくなります。

お客様が商品を手にとったら、心の中で深呼吸をしましょう。深呼吸はだいたい3〜5秒程度です。それが準備の整うタイミングです。実際に数えてみると、思ったよりも長い時間で、その間にお客様が商品を戻してしまったらどうしよう、とドキドキするかもしれません。

しかし、その間に商品を戻さないのはお客様が興味を持っているからです。声をかけられるかもしれないと思いながらも商品を戻さないのは「話しかけてOK」のサインともとれます。**「手にとってすぐ」ではなく「手にとって3秒してから話しかける」を心がけると、お客様の反応が柔らかくなる**でしょう。

もし、自分が深呼吸している3秒間に商品を戻してしまうようなら、その商品にそれほど強い興味はないということです。あるいは、今は接客を受けたくない、というサインかもしれません。無理に話しかけるよりも、次に話しかけるタイミングを待ちましょう。

また、お客様を警戒させてしまうファーストアプローチは、話しかける位置も関係しています。販売員の姿が見えない後ろ

からや、圧迫感を覚える真正面から話しかけるのは避けましょう。お客様がびっくりするからです。**受け入れてもらいやすいように話しかけるなら、さりげなく横からにしましょう。**

研修のたびに「ファーストアプローチに自信がない」という人が多いことに驚かされます。それだけ、ほぼ初対面の人に声をかけるのは難しいということです。先ほどのスタッフは、お客様の反応があまりにも冷たいことで、ファーストアプローチが怖くなってしまいました。考えすぎてタイミングがつかめなくなり、店の売上が落ちてしまったこともあります。

しかし、彼女たちはめげませんでした。とにかく話しかけるようにしたのです。そうするうちに、「3、2、1」**とカウントしなくても深呼吸のタイミングを身体で覚えてお客様が振り向いてくれるようになりました。**

苦手だと思って、おどおどと話しかけていると、ますますお客様との距離は縮まりません。「お客様が入ってきたら、横から近づく」「お客様が手にとっていたら、3秒してから話しかける」といったことを試し、アプローチのコツをつかんでいきましょう。

お客様の様子を見て声をかける

NG

（お客様に小走りで近づいて）手にとったらすぐに声がけ

「お客様が商品を手にとったらすぐに声をかける」と頭で覚えると、警戒心をあおるような声がけになることがあります。これでは、お客様は接客を受けようという気持ちになりません。

OK

（あらかじめそっと近づいて）手にとって深呼吸後に声がけ

あらかじめそっと近づいておきましょう。お客様も心づもりができ、声をかけたときの警戒心も少しやわらぎます。「3、2、1」とカウントダウンしても商品を持っているなら声をかけましょう。

03 「お買い得になっております」は万能ではない

里香から教えを受けた奈緒は、「とてもきれいな色のパンプスですよね」とお客様に声をかけました。商品の魅力に共感する自然な言葉によって、お客様を身構えさせることなくスムーズに接客を進められました。

一方で、共感しているつもりでも反感を買ってしまう言葉もあります。それはセール品を案内するときの「安いですよね」「お買い得ですよね」という言葉です。それはなぜでしょうか。

「安い」「お買い得」は心地よい言葉ではない⁉

私が新人販売員だったころ、初めてのサマーセールに意気込んでいました。「うちはどの店よりも安くしてるから、きっと売れるはず。みんなで気合いを入れていこう」と店長の号令がかかり、誰よりも張り切って接客に臨みました。

「安いですよね」「お買い得です」と、大勢のお客様に話しかけました。しかし、お客様は苦い顔をしながらうなずくだけ。そこから私の話を聞いてくれるお客様はおらず、結局夕方まで1円も売れませんでした。

売れないことに焦りを募らせましたが、きっと安いことがきちんと伝わっていないのだろう、と思った私はその先も「こんなに安いのはうちだけです」という言葉も付け加えましたが、その後の売上は散々なものでした。

セールでの惨敗を引きずっていたある日、友人の持ち物をほめたところ、「でもこれ、安かったんだ」と返ってきました。「別に安くてもいいじゃない」と答えたときに、安く買うことに引け目を感じる人がいる、と気づいたのです。「安く買うこと＝賢く買うこと」と考える人は多いですが、**すべての人が「安い」ことを好意的に受けとめるわけではありません**。たしかに、思い返すと接客中のお客様から「こんなに安くなったっていうことは、人気がないっていうことですよね」という質問を受けたこともあります。

このことから、「安いですよね」「お得ですよね」という言葉はお客様にとって心地よい言葉だというわけではないことがわかります。「私、安いものに飛びついているわけじゃないの」というお客様の思いが、サマーセールで見たあの苦い顔に現れていたのかもしれません。

「買って得した」という気持ちになれる言葉を

「安いのはたしかに魅力的。でもそこを強調されると嫌だ」

こうしたお客様の繊細な心理に応えるために、セール時はとくにアプローチワードを工夫しましょう。

まず、お客様に接するときの基本は変わりません。明るく、はっきり、落ち着いて声をかけます。そのうえで、「きれいな色ですよね」「チクチクしにくいです」などお客様の共感を誘う言葉で、商品のポイントを話しましょう。

セール品ではそれに加え、「さりげないお得感」を織り交ぜます。安いから買うわけではなくても、買って得した、という気持ちは満足度を高めるからです。

直接的な表現ではなく、お得感を伝えるにはどうしたらよいのかを考えてみましょう。

たとえば、「**最新機種と画面の大きさが変わりません**」「○○（**季節**）**まで大活躍ですよ**」というような言葉です。

お客様がセール品を買うか悩むのは、「安いという理由だけで買ったものの、使わなくなったらどうしよう」と思うからです。「よいものを、長く使いたい」と考えているお客様は多く、無駄になることを疎んじます。ですから、**最初のひと言で安さ以外のお得感を伝えれば、その先の話も聞いてみたいと感じてもらえるでしょう。**

自分の体験をもとにメリットを紹介する

お客様にお得感を伝えるためには、表面的に「安い」と言うより、自分自身がセール品を使って「得した」「損した」体験が役立ちます。

たとえば、こんな要領です。

・「30年前の母の着物を自分が今でも着ているな」と思った
　↓「何十年先でもお召しになれます」
・「新型じゃなくても、ロボット掃除機の機能は十分だったな」と感じた

↓「こちらでも新型と機能がそれほど変わらないのできれいになります」

・（来客時に）「セットのティーカップをそろえておいてよかった」と感じた

↓「いざというときにあると助かります」

このように、自分が実際に感じたことを踏まえてメリットを紹介しましょう。人から聞いた話を参考にしてもよいでしょう。このような体験談は説得力が増すので、お客様の購入のハードルをぐっと下げることができます。

「お買い得になっております」「安いですよね」という言葉の代わりに、安さの奥にあるメリットを伝えましょう。セールの忙しい時期こそ、ひと言でお客様の心をつかみたいものです。

「お得感」を「安い」以外の言葉に言い換える

NG

「お買い得ですよね」
「お安くなっています」

安いのはたしかに魅力的。でも、お客様はそれをストレートに言われると、つい反発したくなるものです。「安いから買うんじゃない」という気持ちにさせてしまうこともあります。

OK

「○○（季節）まで大活躍ですよ」
「新型と機能がそれほど変わりません」

セールの衝動買いでは、購入してから後悔することもあります。「後悔（失敗）しないか」という不安を払拭すると、お客様は安心して購入できるでしょう。「安さ」以外のお得感を伝えましょう。

Column 1 「重いファーストアプローチ」をしない

「接客で何が一番苦手か？」とアンケートをとると、どの商業施設でも企業でもぶっちぎりでお困り第1位なのが「ファーストアプローチ」です。

困る理由は、「笑顔で元気に話しかけて、第一印象をかなりよくしているつもりなのに、お客様の反応が悪いから」です。その結果、「なんでうまくいかないんだろう。どうしたらいいんだろう」と考えて、落ち込んでしまうのです。

私たちは最初に声をかけるお客様に対して、一発で会話を進めてしまおうとします。でも、初対面の相手にいきなり話しかけられて、友人のように話せるでしょうか。「この人なら大丈夫！」と安心しきって、話を聞いてみようという気持ちになるでしょうか。ならないですよね。

「声をかけてそのまま、会話を弾ませよう！」というつもりでお客様に近づくと、お客様には重い空気が伝わりますし、自分への重いプレッシャーとなってしまいます。

「よろしければご試着できますので」「よろしければお手にとってご覧ください」という言葉は、相手に行動を促すものです。初対面の販売員に行動をゆだねるのは、ちょっと怖いですよね。だからお客様は引いてしまうのです。

だから、「こんにちは」「それ、私も好きです」「素敵ですよね」などの軽いファーストアプローチでお客様の反応を見られれば、まずは十分です。話したい様子でなければお客様から離れて、その後の動きを見て、セカンドアプローチへ入るのです。そこから、やっと会話が始まります。

第2章

答えづらい質問はしない

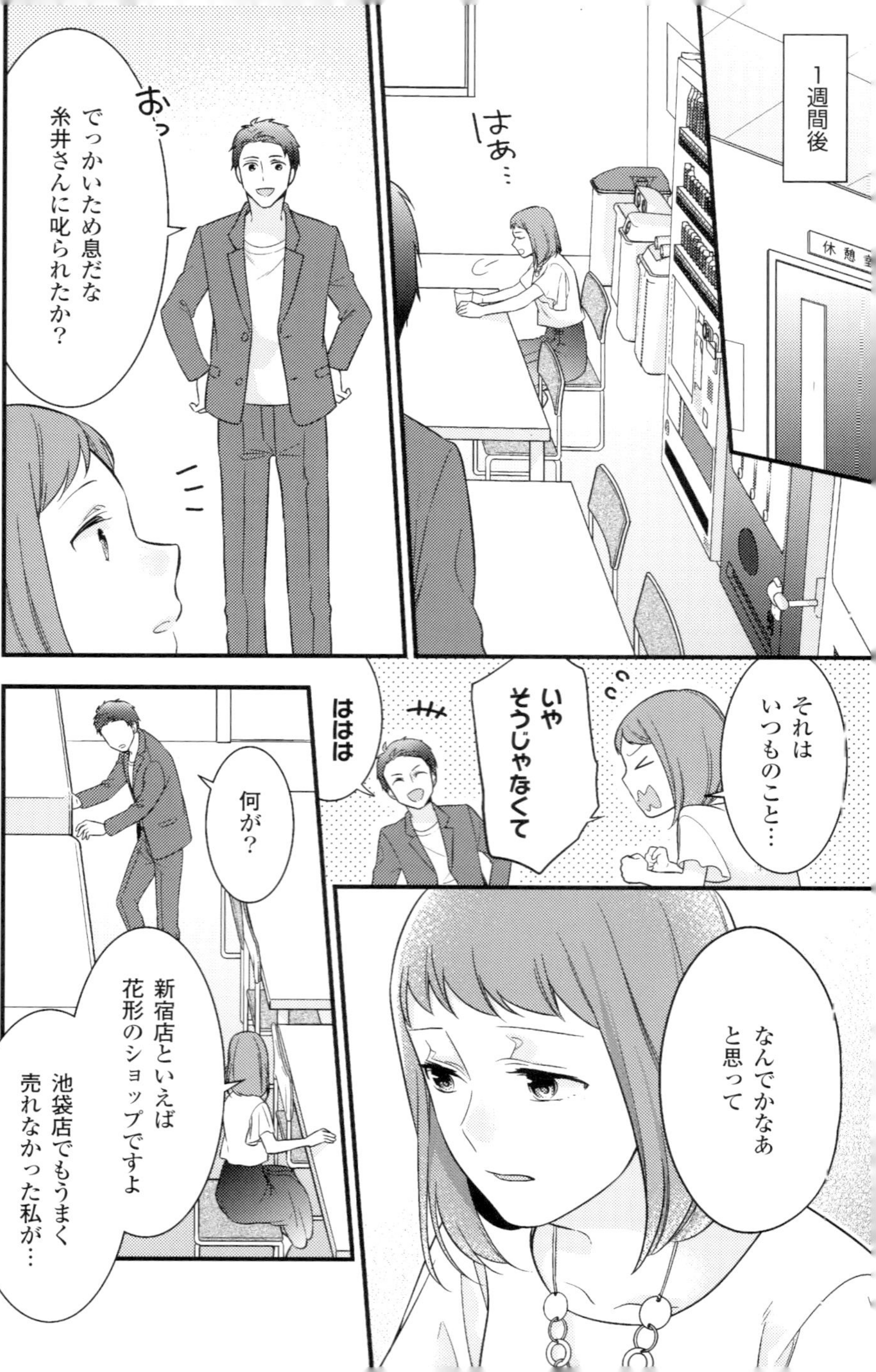
1週間後
休憩室
はあ…
おっ
でっかいため息だな
糸井さんに叱られたか？
それは
いつものこと…
いや
そうじゃなくて
ははは
何が？
なんでかなあ
と思って
新宿店といえば
花形のショップですよ
池袋店でもうまく
売れなかった私が…

どうして
呼ばれたのか…
ずっ
彼氏が海外転勤に
なるからって
急に結婚と引っ越しが
決まった人がいてな
ドラマみたいな
話だよな
まあ、そう
思うよな
こくり
わたしは
彼氏も
いないのに…
旗艦店の欠員補充なら
優秀な人はほかにも
いるじゃないですか
似てたんだよ
1年前の糸井さんと
里香さんと？
私が？

今年の研修、俺がいたの覚えてないか？
すみません知らない人に囲まれて緊張してたので……
今では売上ダントツでエースの彼女だが
研修 ロールプレイング
最初は声も小さいし言葉づかいもめちゃくちゃで
本当に見てられなかった
…信じられない
というか私もってことじゃん
でも、とにかくがむしゃらで…光るものを感じた
光るもの？

真面目さだ
里香さんにも そんなときが…
売れる販売員になろうと まっすぐだった
同期や知っている先輩が 働いている店に行っては
接客の仕方や 受け答えを 必死で真似した
ガラッ
で
んー
あるとき希望して うちに異動してきた

でも
新宿店でも最初は
売れなくてさ
劣等感で押しつぶされ
そうになってた
彼女は努力の
方向性を変えたんだ
販売員都合の接客から
お客様中心の接客へとね
努力しているのに
結果につながらなくて
泣きながら自分の
接客を振り返って
毎日の時間の使い方
販売員としての
考え方も…
そして何よりも
接客の言葉を
武器として磨き上げた
里香さん…

接客の言葉を武器にした糸井さんは
瞬く間に売れる販売員になったとさ
そうだったんですか!?
紙コップ
カコン
店長としては売上をあげるために
穴埋めをしなきゃいけないけど…それ以上に
彼女に続くようなトップ販売員を育ててみたいと思ってさ
そんな…
私が里香さんみたいになんて…無理です!
……

ever n' ever
きょろ
きょろ
バッグをお探しですか？
あ…
いや、その妻への誕生日プレゼントを探していて
こちらのブランドの服をよく着ているので
ありがとうございます
奥様、きっと喜ばれますね！
奥様はどんな方なんですか？
どんな…と言われても？
ふだんどんなお召し物が多いとか…

うーん
……ちょっと考えて
また来ますね
休憩いただきました
！
あれ？
あのお客様
さっきの…
色合いの鮮やかなものと
落ち着いたものだと
奥様はどちらを
よくお召しに
なっていますか？
ああ、それなら
落ち着いた色ですね
仕事で客先に
行くこともあるので
……

お仕事でお使いになるんですね
たとえばこちらはデザインにアクセントがあるので
仕事でも個性を出したい方に人気です
こちらはベーシックで洗練された形ですからスマートな印象を持たせたい方に人気です
ああ意外に軽いんですね
そうなんですびっくりしますよね
パソコンを入れても軽く感じるくらいですよ
たしかにそういえばカバンが重くて肩がこるって言ってたな
とくに外まわりが多い女性に喜んでいただいています
これなら気に入ってくれそうだな
これにしよう

さっきの男性客里香さんが接客したのにどうして私に売上つけてくださったんですか？
別に？休憩中の後輩のフォローをしただけよ
……
ちょっと慣れてきたかと思ったけど
もっともっと伝えなきゃいけないことがありそうね
すみません全然できなくて…
さっきの男性客あなたと私の接客の違いを説明してみて

私はお客様への質問がアバウトで
里香さんは二択だった……？
「どんな方ですか」と突然聞かれてもお客様はとまどうのよ
たしかにどう答えていいかわからない様子でした
大事なのは相手の思考を整理する質問
つまりクローズドクエスチョンよ
質問された男性客の頭の中にあるイメージがぼんやりしている
A
B
二択の質問をする（クローズドクエスチョン）
男性客のイメージがはっきりとする
A
お客様が答えやすい質問は
提案する商品を絞りやすくする質問でもあるの
イメージが具体的になるからね
そのための質問なのよ
それとあなた、さっき「バッグをお探しですか？」とお声がけしたよね？
は、はい…

それも変えたほうがいいわね
今回はよかったけどとまどっているそぶりもあったから
気づかなかった…
お客様からすると「○○をお探しですか」という質問は
売りつけられるかも…と思わせてしまいがちなの
売りつけられる…そうか！
「はい」と答えたら買うことになる…と思われてしまう！
特定の商品をご覧になっているときは？

「たくさんあって迷ってしまいますよね」
とか？
ピンポン
そう お客様の共感を引き出すところから始める
じっくり検討したそうなお客様には「わからないときにはお気軽にお声がけください」
とかね
なるほど…そうすると
壁がなくなって安心して相談してもらえる
この人は わかってくれていると 思わせること

ありがとうございますっ
…あれっ？
こつぜん
ヒョコッ
すごいなあ…
里香さんの言葉にはひとつひとつ理由があるんだ…
その理由を勉強するぞ！

私も必ず里香さんみたいな売れる販売員になるんだ

バ
サッ
わっ
雑誌の切り抜き…？
…って里香さんがいる!!?
里香さん取材まで受けたんだ…
ever n' ever経営本部御中
提示予算未達に関する通知
株式会社新宿ビル
経営管理部
拝啓　貴社ますますご盛栄のこととお慶び申し上げます。
平素より当ビルの運営管理に多大なるご支援とご理解をいただき、
心から厚く御礼申し上げます。
さて、先ごろよりお伝えしております通り、本年度上半期の
新宿店目標数値の未達成に関し、改めましてテナント入居継続の可否に
ついてご面談をお願いいたします。
誠に恐縮ではございますが、当ビルといたしましても、
今後の目標数値達成率によっては、ご退去の可能性も含め、
今後の検討課題を共有できますと幸いです。
面談日時に関しましては改めてお知らせいたします。

04

「〇〇をお探しですか？」に答えてもらえない理由

奈緒の「バッグをお探しですか？」という質問で、お客様がとまどっていたことを里香は指摘しました。

お客様が同じような商品をいくつか手にとっているとき、ニーズを早く把握しようと、このような質問を投げかけたことがある人も多いでしょう。

しかし、**「〇〇をお探しですか？」と質問をすると、「売りつけられるかも」とお客様に警戒心を抱かせてしまう**こともあるのです。

「〇〇をお探しですか？」は警戒させてしまう

私があるアパレルのショップで接客に行き詰まっていたときのことです。そのとき読んだ本に「お客様のニーズを知るために質問をしましょう」と書かれてあり、早速取り入れることにしました。

お客様がシャツばかり見ていたので、シャツを探しているに違いないと思い、「シャツをお探しですか」「シャツはお好きですか」と質問しました。お客様は気まずそうにうなずいただけで、すぐに店から出ていってしまいました。

当時の私は、質問をすればお客様との会話が盛り上がると思っていたので、お客様のこうした反応に困惑してしまいました。

質問をしたのに、お客様がとまどってしまったのはなぜでしょうか。それは「**『はい』と答えれば、その商品を売りつけられる」と考えてしまったから**です。

肯定的な返事をしてし

まったために、「シャツをお探しでしたら……」と目の前に商品を広げて紹介され、買わないといけない（断わらなければならない）状況に追い込まれたと感じるお客様もいます。「見ているだけです」とお客様に突っぱねられてしまうのは、お客様が警戒しているからです。

それでも、お客様が特定の商品ばかりを見て、「きっと、○○を探しているに違いない」と感じることもあるでしょう。その際に、お客様が警戒心を抱かないように話しかけてみましょう。

たとえば、コーナーの前でどの商品から手にとるか迷っている場合や、いくつかの商品を何度も見比べているようなら、「**たくさんあると、迷ってしまいますよね**」と、「**そうなのよ**」**とお客様の共感を引き出せるようなひと言をかけます。**

そうすると、お客様も自分の気持ちがわかってもらえている、と販売員に売りつけられないかという警戒感を和らげられるでしょう。

お客様から話しかけやすくなる言葉をかける

多くのお客様は、商品をインターネットで入念に下調べしてからやってきます。店での目的は、販売員の話を聞くことよりも、実物を手にとって、調べてきたことや気になっていることを確認することです。

かといって、声もかけずにジロジロ見ていてはお客様も落ち着きませんし、ときにはお客様自身が判断に迷うこともあるでしょう。そのようなときは、**お客様から話しかけて質問しやすくするようなひと言を用意しておきましょう。**

とあるお客様が化粧水を見比べていました。一人で見たいという空気を感じましたが、何度も同じ説明書きを見ていることから、何を選べばいいか悩んでいる様子が伺えます。一度、「効能ってどれも自分に当てはまりそうな気がしますよね。わからないことがあったらいつでもお話しさせてください」と話しかけたところ、お客様から「私は、どれを買ったらいいんでしょう」と相談されました。

その後、どのような肌状態になりたいのかを聞きとりながら、お客様にぴったりの商品を提案できたのです。

「お困りでしたら、お声がけくださいね」

「いつでもご相談くださいね」

このような言葉を伝えておくと、お客様が販売員に話を聞いてみたいと思ったときに、声をかけやすくなります。肝心なときにきちんと力になってくれる販売員として、頼もしい印象を与えられるでしょう。

「○○をお探しですか」という言葉は、お客様に警戒心を与えてしまいます。共感できるように話し方を変えるとお客様が考えていることを引き出しやすくなります。

お客様の状況を察したひと言を

NG

「○○をお探しですか？」

『はい』と答えたら買わなくてはいけない」とお客様を警戒させてしまう聞き方です。インターネットで調べてきたことを自分の目で確認したいお客様の邪魔をすることになり、嫌がられることも。

OK

「たくさんあって、悩みますよね」
「いつでも、声をかけてください」

お客様の状況を察したひと言。「この人は私の気持ちをわかってくれている」とお客様に思ってもらえると心を開きニーズを話しやすくなります。また、後者は必要なときは話を聞きたいお客様に有効です。

05

「どんな人ですか？」という質問は答えにくい

奈緒は奥様にプレゼントを、というお客様からのご要望に答えようと一所懸命に質問しますが、かえって困らせてしまいました。一方で里香は、同じお客様に対してスムーズにご要望を聞き出していました。

プレゼントやギフトのアイテムを案内するときには、プレゼント相手の情報を引き出すことが最適な商品選びにつながります。どのように質問していけばよいのでしょうか。

あいまいな質問はお客様を混乱させてしまう

私が勤務していた雑貨店では、マフラーやバッグなど服飾雑貨から、リップクリームやハンドクリームなどのコスメアイテムまで幅広い品ぞろえがあります。

クリスマスシーズンになると、商品を手にとりながら何をプレゼントしようか頭を悩ませているお客様の姿をよく見かけました。

あるとき、40代の女性が、ママ友へのちょっとしたお礼のプレゼントを買いに来店しました。私は「どんな感じの人（方）ですか」「どんなものが喜ばれそうですか」と質問しました。しかし、お客様は「『どんな感じ』って言われても」「喜ばれそうって言っても、よくわかんない」と黙り込んでしまいました。

私はもっと質問してプレゼント相手の情報を聞き出さなければと焦り、さらに質問を重ねました。しかし、お客様は終始困り顔。「どうするかもう少し考えます」と、お客様は去っていったのです。

こちらのブランドの服をよく着ているので
ありがとうございます 奥様、きっと喜ばれますね！ 奥様はどんな方なんですか？
どんな…と言われても？
ふだんどんなお召し物が多いとか…

プレゼント相手のことを知るために質問をしたのに、かえってお客様を混乱させたのはなぜでしょうか。

そのポイントは、質問の役割にあります。

質問には、「相手から事実や情報を引き出す役割」と「相手の頭の中を整理する役割」があります。

たとえば、「明るめの色と落ち着いた色ならどちらを着そうですか？」と質問を投げかけたとします。「プレゼント相手はオレンジ色を着ていた↓明るめの色を着る」と思い出すと、情報を整理できます。

こうしてお客様の頭の中にある像をはっきりさせていくと、販売員もそのイメージを共有でき、プレゼントアイテムを提案しやすくなります。

前述の**お客様が混乱したのは、答えにくい質問をされたため**です。「どんな人が」「どんなものが」という質問から、プレゼント相手のテイストやふだんから身につけているもの、趣味などを一度に思い出そうとしてしまいました。

「○○と□□なら」と二択で質問をする

お客様にはまず、二択で問いかけましょう。**二つの選択肢からどちらかを選ん**

で答えるような質問を「クローズドクエスチョン」と言います。

先ほどのママ友の例であれば、「お客様と年齢の近い方ですか」「気軽に使えるものがよろしいですか」といった質問に変えれば、相手のイメージを引き出しやすくなるでしょう。

ほかにも「スマホのカバーはシンプルなものですか、それともかわいらしいものですか」「（私服のときは）スニーカー派ですか、革靴派ですか」など、趣味嗜好についての選択肢を提示します。

里香のように、デザインにアクセントがあるものと、ベーシックなものを比較するのもよいでしょう。

私が勤めていたショップには、ギフトを探しているお客様への接客が得意な後輩がいました。男性がお付き合いしている女性へプレゼントを探しにきたときも、「いつも持ち歩いているバッグはこちらとこちらだと（バッグを両手で見せながら）どちらのほうがイメージに近いですか」と質問し、「上品でシンプルなものがお好きな方なんですね。それでしたら、こちらがおすすめです」とお客様をとまどわせることなく提案していきました。

このように商品を見せながらお客様に選んでいただくと、プレゼントする相手の傾向が見えてくるため、提案する商品を絞り込みやすくなります。後輩の接客にたいへん満足した男性は、その後その女性と二人でよく来店するようになりました。

プレゼントを探しているお客様に「どんな人ですか」「どんな服を着ていますか」とアバウトな質問をすることは避けましょう。お客様が答えやすい質問をすると、お客様の頭の中のイメージがはっきりし、商品を選びやすくなります。

あいまいな質問を避けて二択で質問する

NG

「どんな人ですか？」

アバウトすぎる質問は、お客様を考え込ませて答えにつまらせてしまいます。お客様に「私はプレゼントする相手のことをなんにも知らない」と心配させてしまうかもしれません。

OK

「明るめの色と、落ち着いた色なら、どちらを着そうですか」

まずお客様とプレゼント相手のイメージを共有します。イメージにたどり着くには二択の質問をしてみましょう。商品や雑誌を見せながら、視覚で確認すると安心感もアップします。

Column

2 質問しようとしすぎない

お客様に質問してニーズを引き出そうとするのは、商品提案をするうえで欠かせないことです。しかし、強引に商品提案へ持っていこうとすれば、お客様の疑問や要望を引き出すことはできず、一方的な接客になってしまいます。

初夏のころ、鏡の前で慣れない様子で帽子の試着を始めたお客様に先輩が声をかけました。

販売員「この帽子、みなさん最初はどうやってかぶるかとまどうんです」

お客様「そうですか。私が帽子に慣れていないせいだと……」

販売員「暑くなってきましたから、帽子を探しにいらっしゃる方、多いですよ」

お客様「そうなの、私もそれで帽子をかぶってみたくなって」

先輩は世間話をするような感覚で、帽子についてやりとりをしていました。それから、今まで帽子に抵抗があったのはなぜか、手持ちの服はどのようなものが多いかを聞きながら、一緒に帽子選びをしていきました。

お客様は、今までかぶってみたかったタイプの帽子を手に入れ、満足そうな顔をして帰っていきました。

このように、自然な会話になると、お客様も肩の力を抜いて思っていることを話しやすくなります。

どのように誘導していこうか、頭で考えながら接客するよりも、お客様が話したことに対し、自分の思ったこと、疑問に感じたことをシンプルに返しましょう。すると自然な会話になり、お客様の考えていることを引き出しやすくなります。

第3章

お客様が聞きたくなる商品説明のコツ

数日後
ever n' ever
ever n' ever
ありがとうございました
またよろしくお願いします
ザッ
バッ
?
ゆらぁ

ピュッ
ピュ
ピュー
ぶーっ
あのね…ここ数日どういうつもり?
へ?ナ、ナンノコトデスカ?
完全にバレバレなんですけど
糸井さんから技を盗もうってことだろ
なかなかいい心がけじゃないか
じ、実は…
こないだ…バックヤードで見たんです
里香さんの記事

カサ…
いろんなブランドの販売員さんにも注目されていた
業界屈指の販売員だって
……
どんな景色なんだろう…って思ったんです
景色？
売れる販売員のなかでトップに立つ人が見ているのは
そりゃあ…
『言葉を選ぶのはお客様の立場で考えられるから』
言葉の奥にある気持ちの部分が大事なんだ…って

店長が言っていました
かつての里香さんと
私が似てるって
あの言葉を信じて
里香さんに追いつきたい
ぐっ
もっと売れるように
なりたい…
成長したいんです
意気込みは
よくわかったわ
で、勉強の
成果はどうだ？

やっぱりすっごいです
里香さんの言葉づかいは
たとえば？
さっきのお客様への接客
入荷したばかりの最新作をご覧になっていましたが…
このパンツ、真夏でも大丈夫なのかしら？
大丈夫です
当店の製品の中でもよく汗を吸うんですよ
へえ、そうなんだ
内側がメッシュ素材で涼しいんです
ここ
この「ですよ」です！

！
里香さんは語尾にすごく自信を持って売っていました！
いいところに気づいたな
……
もし今までの私だったら
吸汗性は高いと思います
こうなっていたと思うんですよね

語尾がぼやけていると自信がないように感じるでしょ
そうか自信がお客様に伝わるんですね
素材を理解して理由を説明できると
より納得してもらえるんだ
でも、油断しないで
接客に慣れてきても自信が持てないケースもあるわ
どんなケースですか？

たとえば… こんなケースね
・入荷したての商品の特徴をまだつかめていないとき
・メリットの少ない商品の説明をするとき
・商品知識の豊富なお客様と相対するとき
高山さん 問題です
？
こうしたケースで自信を持って 接客をするには
どうしたらいい？
えっと…

わかった!
てっとり早くこんなふうに
・入荷したての商品の特徴をまだつかめていないとき
▶ その商品の話題に触れない
・メリットの少ない商品の説明をするとき
▶ 商品をバックヤードの奥に押しやる
・商品知識の豊富なお客様と相対するとき
▶ 店長や先輩に押し付ける
わかってねえ ない!!!
5ページ前の感動的なエピソードはなんだったんだ
正しくはこういうこと
・入荷したての商品の特徴をまだつかめていないとき
▶ 商品を自分で試して着心地などをメモする
・メリットの少ない商品の説明をするとき
▶ デザイン・素材・着こなしを見直す
・商品知識の豊富なお客様と相対するとき
▶ 雑誌やネット、本部の資料で研究する
はいっ

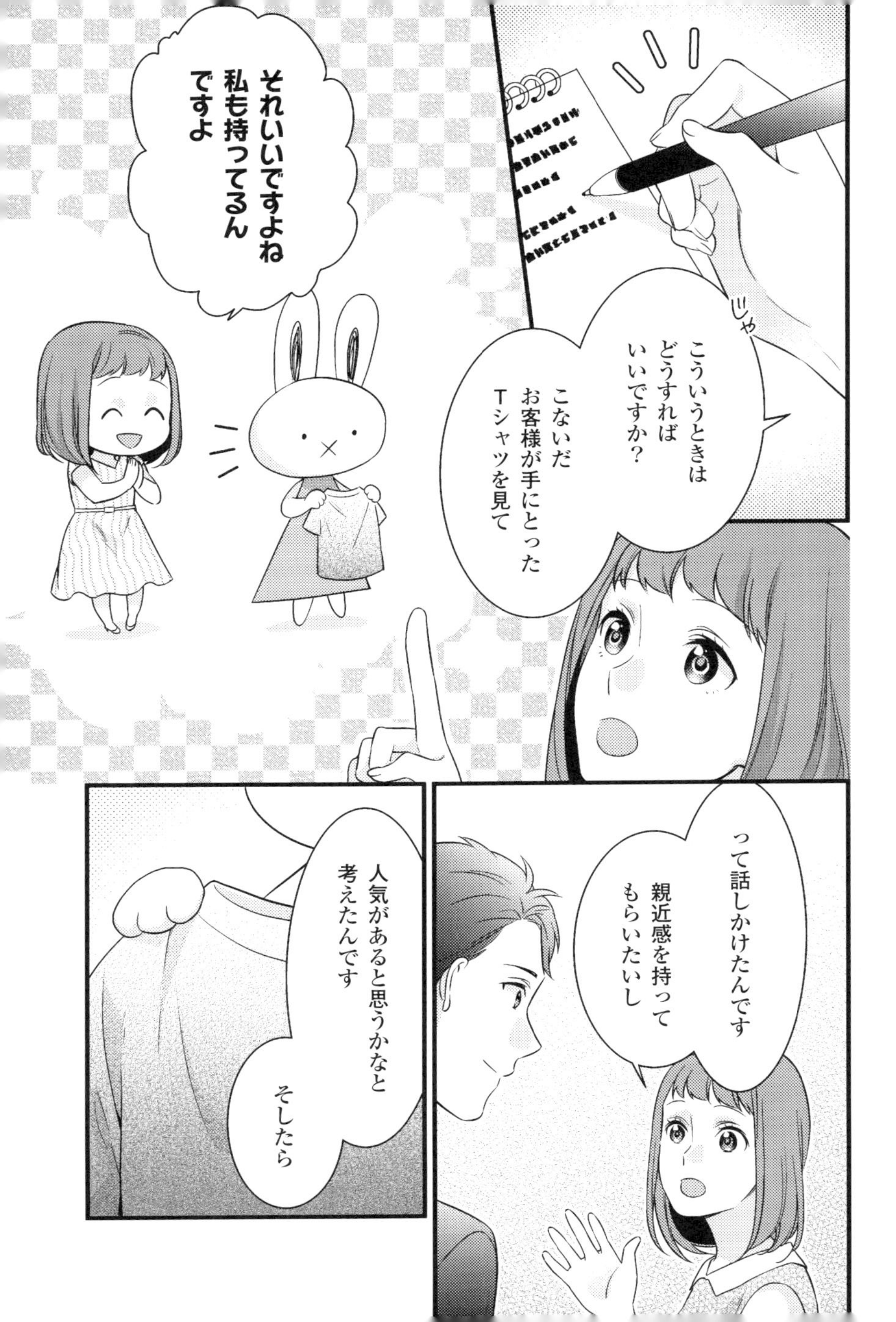
じゃ
こういうときはどうすればいいですか？
こないだお客様が手にとったTシャツを見て
それいいですよね私も持ってるんですよ
って話しかけたんです
親近感を持ってもらいたいし
人気があると思うかなと考えたんです
そしたら

あなたには似合うかも
しれないけど
あたしには派手すぎるぴょん
ぴょんって…
…って
言われちゃって
この言葉はね
「何それ、自慢?」
とか
「で?」って
お客様に
思われるの
大事なのは
その後に続ける言葉
「私も持っています」の後に?
自分が使った感想を
必ず伝えるのよ

私もお客様と同じくらいの身長ですがちょうど膝が隠れるくらいの丈ですよ
こんな感じですかねー
→何よこれは
…私で遊ぶのやめてくれる？
要するに
持っている
使った感想
お勧め
となると
お客様は「へーっ」と思うでしょ？
そうか
身長とか使いたい場面とか
お客様と自分の共通点を見つけて話すと説得力が増すわ

するとお客様は販売員の体験談を聞いて
自分が着ている姿をイメージしやすくなる
なるほど
さて
お客様がいらしてるぞ学んだことを実践してみよう
ポン
はい！
こちらのバッグ素敵ですよね

軽いので パソコンとか資料とか お荷物の 多い方などに 人気ですよ
へぇ〜
いいね
今までなら「これ人気があるんですよ」としか言えなかったですからね
頼もしくなってきたな
そうですね
ザーーッ
……

ever n' eve
もう少しだけ待ってください
なんとか結果を出せるはずです
はず…という言葉が
通じないことは 桜野
君もわかってるだろ
店長と…あれは
経営本部の…？
このフロアは激戦区だ
いつ退店させられても
おかしくない

リミットはいつですか？
来月の目標予算を達成すればひとまず
現状のメンバーで続けられます
！
本部長が言うにはもし目標予算に届かなければ
スタッフ総入れ替えでテコ入れもやむをえないと…
…

でさー
あはははは
なんとなく察してはいたけどそこまで切羽詰まっていたとは
私のせいです…私が穴埋めになってないから…
ぐびっ
それはない
問題は店全体の雰囲気ね
さすがに前年比を大きく割っていれば
店全体に売れないムードが広がってもおかしくない
一味

みんな
休憩室で
話してました
ここから盛り返すのは
ムリじゃないか…って
あなたは…
どう思ってるの
あなたも…
あきらめてるの？
ぎゅっ
私は嫌です
そんなの！

全然
役に立ってないけど
できることはなんだって
やりたいんです！
ふっ
あなたは気づいて
ないかもしれないけど
店長も私も…
もう頼りにしているんだよ
えっ……
じわっ
ほら…
泣かないの
あなたはとにかく
まっすぐに進んで
いけばいいんだから
…はい！

翌朝
ever n' ever
里香さん遅いな…
今日は早番のはずなのに
なんだって!?糸井さんが!?
ザワ
ザワ
ザワ
…今、病院から…
…糸井さん交通事故で病院に運ばれた…
!

06

お客様を不安にさせる語尾「〇〇と思います」

奈緒は里香の接客を見て、語尾をはっきりさせることの重要性に気づきました。語尾を「思います」で締めくくることは、日常会話でも多いでしょう。自分の考えを押しつけずに、柔らかく伝えられる反面、お客様に頼りない印象を与えてしまうことがあります。

語尾に自信が表れる

あるライフスタイルショップで、ベッドの接客をしました。そちらのベッドは、5種類ほどあり、それぞれ大きさや中に入っているスプリングなどに違いがあります。それをお客様に合わせて説明するには、分厚いパンフレットに書かれている内容を暗記する必要がありました。

たどたどしくも、お客様になんとかベッドをおすすめできるようになったころ、あるお客様がくわしく説明を求めてきました。「この高さ、ロボット掃除機入るわよね」「これ、腰悪くしないわよね」という質問に、パンフレットの内容を思い浮かべながら、「はい、ロボット掃除機も入ると思います」「どの方ともそうとは言い切れないですが、大丈夫だと思います」と答えました。

吸汗性は高いと思います・・・

何度かそのようなやりとりをするうちに、しだいにお客様の顔は曇っていきました。そして「やっぱりもうちょっと考えてくるわ」と去ってしまったのです。その後もそんな調子が続き、一向に売れません。私は**慣れないベッドの商品案内に自信を持てず、それが「〇〇と思います」という語尾に表れていた**のです。

「○○と思います」ではなく「○○です」と言い切る

正確な商品情報を覚えているのに、なんとなく自信が持てないという販売員の心理は「○○と思います」という語尾とともにお客様へ伝わります。私の失敗談からも、自信を持って言い切ることが重要だとわかります。

ほかにも「入荷したてで特徴をよく理解できていない商品」「自分の好みと違い、メリットを見いだせない商品」「自分よりもお客様のほうがくわしい商品」など、ついつい「○○と思います」を連呼してしまう商品は多いものです。

そのようなときは、「入荷した商品をいち早く試してみる」「ほかのスタッフとメリットを共有する」「商品のことを研究する」といったことに取り組みましょう。そして、意識して言い切るようにしましょう。

視線の力を味方にすると説得力アップ

さらに、接客の達人は言い切るときに、視線を上手にコントロールします。

お客様にこれだけは伝えたいというメリットについて話すときには、商品から目線をはずして、必ずお客様と目を合わせるようにするのです。日常生活でも、人の目を見て堂々と嘘をつける人はいません。反対に、要望を聞いてもらいたいときは、相手の目をしっかりと見つめるでしょう。接客も同じです。

せっかく自信を持って勧めたものも、目が泳いでいたり、目線が合わずにいたりすると、説得力に欠け、お客様に不信感を持たれてしまいます。**言い切るときは視線の力も味方につけましょう。**

ベッドの接客もある程度回数をこなし、お客様に聞かれたことにも堂々と答えられるようになったころ、偶然にも先述のお客様が来店しました。聞けば、いろいろと回ったものの、まだどれにしようか悩んでいるとのことでした。

私は、「ロボット掃除機をお使いでしたよね。こちらなら、ちゃんと入ります」「腰がご心配なら、こちらの高密度になっているタイプがおすすめです」と目を見て説明しました。すると、お客様は「それならこちらにしようかしら」と、うれしそうな表情になりました。

お客様は「高い買い物だから、失敗して後悔したくないじゃない？ だから、そうやって自信を持って勧めてくれると安心するのよ」と言いました。そして、その日そのベッドの購入を決め、帰っていきました。

知らないうちに使っている「〇〇と思います」という言葉は、接客に自信がないことの表れです。自信を持っていることが伝わるよう、堂々と言い切る形で伝えていきたいものです。

「○○と思います」と濁さずに言い切る

NG

「○○と思います（思うのですが）」

せっかく商品知識を伝えているのに、自信がない印象を持たせてしまう語尾です。相手に柔らかい印象を与えますが、頼りない印象を与えてしまいます。

OK

「○○です」

言い切ると説得力がアップします。さらに、目を見ながら言い切れれば、お客様からの信頼感が増します。言い切れるように、商品知識やニーズ把握力に磨きをかけ、自信をつけましょう。

07

「私も持っています」の正しい伝え方

親近感を持ってもらおうと「私も持っています」とお客様に伝えた奈緒。しかし、それはお客様から「だから何？」と反感を買ってしまう言葉だと、里香から指摘されてしまいます。里香は、反感を持たれないように、この後に言葉を続けることが大切だと言っています。それはどのような言葉でしょうか。

「私も持っています」はお客様をとまどわせる

私が新入社員だったときは「私も持っています」と声をかけて、商品を説明していました。そのように伝えればその商品を手にとっているお客様に親近感を覚えてもらい、距離を縮められるかもしれない、と考えたからです。

しかし、どのお客様も「私も持っています」と伝えたとたん、興味のなさそうな顔をします。まるで「で、私はなんて答えたらいいの」と言いたげな様子です。私はその度に気まずい空気が流れるその状況にとまどってしまいました。

多くのお客様が「私も持って（着て）います」という言葉の意図をつかみきれず困惑してしまいます。なかには「持っていることを自慢したいのか」「自分が持っていれば売れると思うのか」と販売員のことを自意識過剰であるととらえてしまうお客様もいます。

●「○○になりました」と自分の感想をひと言プラスする

それいいですよね
私も持ってるん
ですよ

このように「私も持っています」はネガティブにとらえられやすい言葉ですが、使い方を工夫すれば、お客様に「なるほど」と思ってもらえます。「あなたの話をもっ

と聞きたい」と感じてもらえることもあるでしょう。

その工夫とは、**「私も持っていますが、○○になりました」と自分の感想を付け加える**ことです。このひと言で驚くほどお客様の反応が変わります。

たとえば、フライパンであれば、「私も使っていますが、片手で持てるようになりました」、加湿器なら「うちにもありますが、肌が突っ張ることが減りました」というように体験談をひと言添えるのです。

さらに、**自分とお客様との共通点を見つけると、体験談に説得力が増します。**

「共通点」を活かして話すと安心してもらえる

私がアパレルショップで店長をしていたときのことです。子育て中のスタッフが、ベビーカーを押しながら来店したお客様を接客しました。お客様はブラウスを手にとり洗濯表示を見ながら、水洗いできるのかを気にしているようでした。そこで「うちにも同じくらいの歳の子どもがいるんです。私もそちらのブラウスを持っているんですが、洗濯機で水洗いしてますよ」と伝えました。

お客様は「こういうブラウス、水洗いできないの多いですよね。子どもがいる

とすぐ汚れちゃって、家で洗えないと面倒で」とホッとした様子で答えていました。そのお客様は気に入って買ったものの、クリーニングにはなかなか出せないという理由でタンスの肥やしになってしまっている服がたくさんあるようでした。

スタッフが「私も何回もシミを付けられてしまって、そのたびに部分洗いをしていたんですが、生地が傷みにくくて助かっているんです」と言うと、「それは助かるわね」と安心した様子で購入を決めていました。

この例では、お客様と「同じ年ごろの子どもがいる」という共通点を活かし、自分の体験談を伝えています。**立場の近い人からの使用感は、お客様にとって購入の大きな参考になる**のです。ほかにも体型や、ライフスタイル、年齢など様々なところに、共通点を見つけられるでしょう。

場合によっては、デメリットを正直に答えることも信用度アップにつながります。「この靴、脱ぐのが面倒でしょ?」と聞かれたら、「たしかに靴ひもに手間がかかりますが、このようにすると脱ぎやすいです」など、実際に使っているからこそ話せる工夫を話してみましょう。

「私も持っています」と言うときには、それだけで終わらせずに自分なりの使用感をひと言、プラスしてみましょう。白けた空気が一瞬で変わりお客様の興味を引くことができる魔法の言葉になります。きっと「この人に聞いてよかった」と思ってもらえるはずです。

「私も持っています」にひと言プラスする

NG

「私も持っています」

「で？」と思わず突っ込みたくなるフレーズ。お客様は「なぜ（この販売員は）持っていることをアピールしたのか」と意図がつかめないので、困惑してしまいます。

OK

「私も持っていますが、〇〇になります」

実際に購入した人の意見や感想はおおいに参考になります。「実際に使ってみるとどうなのか」を、簡潔にわかりやすく伝えるひと言を続けると、お客様の興味を引くことができます。

Column 3

自分との共通点を見つけられないときは

自分との共通点を見つけて実体験とともに話すと、説得力や納得感を高められることを紹介しました（114ページ）。

では、お客様と自分に共通点を見つけられないときには、どのようにすればいいでしょうか。

母と一緒にカーテンを買いに行ったときのことです。母は、花柄のかわいらしいカーテンを手にとりました。

「私の部屋にはかわいらしすぎるかしら」と悩む母に、販売員は「お客様と私の母は、同じくらいの年齢だと思うのですが」と前置きしたうえで、「『服だとこのような柄を取り入れるのは難しいけど、部屋ならいいかな』とこちらを選んでいました。気持ちも明るくなってカーテンを閉めるのが楽しみだそうですよ」と話してくれました。

母は、自分と年齢や立場の近い人がそのカーテンを選んでいることを知り、ホッとした様子でした。「あなたのお母様は、このカーテンに合わせてベッドカバーをどうされているの」と母からも販売員に質問するようになり、臆せずその華やかな柄のカーテンを選ぶことができました。

このように、お客様の自分と年齢、体型、ライフスタイルがかけ離れている場合には、お客様と同じ立場の人を例に出して説明する方法もあります。お客様も素直な気持ちで「私の気持ちをわかろうとしてくれている」と受け取り、距離を縮められるでしょう。

第4章

決め手になる言葉でひと押しする

合病院
しばらくは入院が必要だが命に別状はない
…こんなときになんだがみんなに伝えなきゃいけないことがある
ぎゅっ

来月の目標予算を達成できなければ…
存続のため当店のスタッフは総入れ替えになる
ザワッ
!?
この店はever n' everの一番店だ
ブランドとしても、この店は残さなくてはいけない
俺はこのメンバーで店を続けたい！
踏んばりどころだ！頼むぞみんな！
はい！

里香さん
大丈夫だからね
…ぜんぶ
大丈夫だから…
すっかり遅く
なっちゃったな…
ん?

あれは…!?
わっ こっち来た!
あははははは
なんとなく隠れてしまった…

おしゃれな人たちだったな…
……
あ、あの…失礼しました…！
わっ！
ダッ
待って
ever n' everの…方ですよね
は、はい…

…ごめんなさい
いきなりこんな話を
聞かせてしまって
いえ、そんな…
おしゃれなライバル女性に
囲まれた男性を
振り向かせたい…か
でも、ほかの女子が
近くにいるから
遠くから見ている
だけしかできなくて…
いいなあ…
そんなに好きな人が
いるなんて
カチャ…
私もおしゃれに
ならなきゃ
まともに話も
できなさそうで

それで、いつも
すごい顔してたんだ…
本当は店で
話したかったけど…
変かなぁって
でも
どうして私に？
あなたは…
ほかの人とは違う
感じだから
えっ
あの人をハッとさせたいんです…
だから考えてくれませんか？
あの人を振り向かせる
コーディネート
なんて、都合
よすぎるかな
いえ
もちろん
…やります！

ガヤ
ガヤ
翌日
そんなことがあったのか
ホイヨッ 生ビールと子持ちししゃもね！
…そういう人の想いに販売員として応えたいんです
店の都合や店員の勝手な思い込みで商品を押し売りしてしまわないように…
あなたは本当にお客さんのことを思って
服の相談に乗ってくれそうだったから

でも、いつもまた今度にしようって…
目の前にいるお客様が好きな人の前で堂々といられる
私はそんな接客をしたい
服を選んで買うことで喜んでもらえるように
で、そのお客様には…なんて？

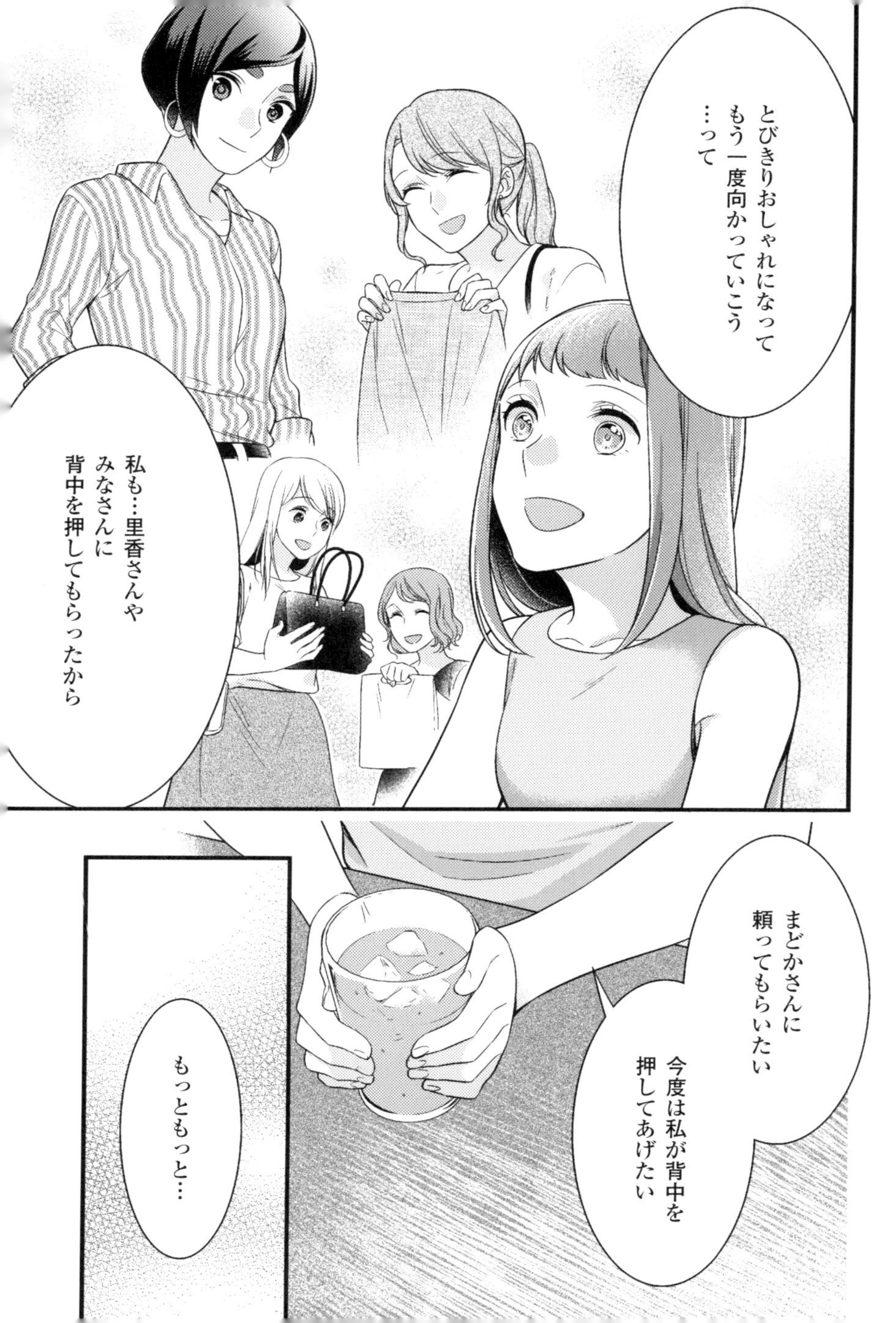
とびきりおしゃれになって もう一度向かっていこう …って
私も…里香さんや みなさんに 背中を押してもらったから
まどかさんに 頼ってもらいたい
今度は私が背中を 押してあげたい
もっともっと…

接客の言葉を磨き続けて

あはっはっはっはっはっ
な、なんですか
そんな！
なんだか…
糸井さんに似てきたな
え？
だったらなおさら…
店、守らないとな
そのことなんですけど
明日の朝礼で、私に時間を
もらえませんか？

販売員として
黙っておけません
私はまどかさんの
ような人を
服で応援したい
ever n' ev
まどかさんみたいな
お客様をちゃんと
応援すれば
売上はついてくると
思うんです！
みんなで目標を
達成したいんです
頼られる人
頼られる店になって！
しん……

それを…
新人の高山さんに
言われるとはね
月末最終日まで
あと3週間か
どうだみんな?
パチ
ア
ア
ア
パチ
ア
パチ
ワァ
パチ
!

それからみんなの
目の色が変わった
先輩たちも
今まで以上に
やる気になって
店の雰囲気は明らかに
よくなっていった
いつも
ありがとうございます
仕事がちょっと
早く終わったから
来ちゃった
やっぱり！
お荷物が
多かったから
そうかなぁと
思って

こないだ取り置きをお願いした商品取りに来たの
はい　すぐご用意しますね
今の話し方いいじゃないか
実はほかの店で売れている人を見て気づいたんです…
敬語の強弱というか緩急というか　きちんとした敬語を理解したうえで
堅すぎず　カジュアルすぎず
ところどころでくずすと…
…よそよそしさがなくなりますよね

里香さんから
教えてもらった
接客の言葉に加え
私は自分でも言葉を
磨いていった
袋おまとめしましょうか？
言葉を変えることで
違ってきたことが
ほかにもたくさんあった
この人が
お客様ならどう
ご提案するかな
日常から販売に
つながることを
イメージしたり
へえー
ビジネス書も小説も
仕事の参考に
なること多いんだ
お客様との会話に
使えるように
ふだん読まない本や
ニュースも意識して
見始めた

なるほど…今ネットショップで売れているのはこういうアイテムが多いのか
あ、このお店イベントやってんだー
他店の動向もチェックするようにした
えっと…昨日までは何が売れているのかな？
前年比が、なるほど…セット率は…
ふむふむ
出勤したら昨日までの売上をチェックし店と自分の細かいデータを見直す
今日の自分の接客に使えそうな時間は…
たくさんお客様が来る18時までにやっておくことは…
行き当たりばったりで動くのではなくスケジュールをしっかりと把握する
この商品はよく出るからここへ置いて…
新商品の特徴の説明はどうしようかな…？
自分だけでなく店全体の効率を考えるようになっていった
言葉を変えるだけで思考も行動も変わった
まるで服が着る人に自信を与え輝かせるように

おつかれさまです
おつかれー
そして明日は月末最終日
…まどかさん来ないのかな
このままじゃ応援できない…
気づけば、ノルマ達成まであとわずかの売上に迫っていた
ところが…

閉店1時間前
店長…売上どうですか？
土曜日でお客様は多いのに売上は伸びていない
閉店30分前
このままじゃ…店が…
カッ
…あ
営業本部の人だ…
…もしかして最後を見届けに？
やっぱりダメなんだよ…
迫りくるタイムリミットが私たち全員の胸を締め上げる

まだ
まだあきらめない！
ワイ
ワイ
閉店20分前
！
よし！
閉店7分前
シャッ
里香さんがいないから
ダメだった…
そんなこと
言わせたくない
…どうですか？

あと…
数千円なんだがな…
私がもっと
売っていれば…
閉店準備しますか…
悔しいけど
…
やっぱり
無理だったか…
あの…
何が
無理だって？
ぱっ

里香さん！
奈緒…あなたへ
最後に教えておくわ
閉店5分前…この時間帯を
大事にできない人は
絶対にトップには
なれない
！
この時間を楽しみに
来るお客様もいるのよ！
…そういえば以前
5分前に片づけてたら
怒られました

閉店直前の時間帯にいるお客様は買いたい気持ちが一番強くなってるの
何か買って帰りたい…そう思ってくださってる？
そう、だからこそ気をつけて…
焦ってお客様に接しないこと
はい
こういうときこそお客様の目線で…
本物のトップになってきなさい
お待ちしていました…

逸見まどかさま！

私…
決めました
…はい

誰のためでもなく …自分のために おしゃれになって 自信を持つんだって…
変わりたい！ 奈緒さんに 手伝ってほしいの！
はい！
任せてください まどかさん！ 私が頭の先から つま先まで変えて みせます

…本当によく帰ってきてくれた
妹を見守る姉の気分でしたけど
で、どうなんですか？
へぇ…これは…
新エース…誕生か

08

「売れています」だけでは決め手にならない理由

里香からの学びを得て、奈緒はしだいに接客に手応えを感じていきます。いままでは最後のひと押しには「人気ですよ」と伝えるだけだったところを「お荷物の多い方などに人気ですよ」と工夫して、購入に結び付けられるようになりました。

お客様が購入を悩んでいるとき、「一番売れているので、おすすめです」と伝えてしまいがちですが、この言葉も工夫が必要です。

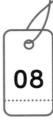

「流行・人気・定番」に抵抗感を持つ人も

セレクトショップで、とある有名ブランドのダウンコートを接客していたときのことです。いくつかあるブランドの商品から、お客様に「こちらはとても人気でよく売れています」と勧めたところ、「そのマークのを着て歩いている人、多いですよね。ミーハーみたいで恥ずかしい」と言って、断られてしまいました。その商品を目当てに来店するお客様も多かったので、そのとき私はとてもびっくりして、ほかの言葉が見つからなくなってしまいました。

この例のように**流行商品や人気商品（定番商品）に抵抗感を持つ人もいます。**

このお客様は、「上質で、長く着ることができるものがほしい」と言っていました。もし私が、人気であることよりも、このブランドの品質の高さを伝えていれば違う反応があったかもしれません。

万能な決め言葉があるわけではなく、お客様に合わせた言葉を見つけることの必要性を感じた一件でした。

「○○な方から人気です」で購入のハードルが下がる

流行アイテムに苦手意識があるお客様のほかにも、第三者の評価を信頼しているお客様もいます。「買い物をする際は失敗しないように口コミサイトを参照する」「ママ友の評判を聞いてから購入する」などが典型ですが、そうしたお客様は自分にとって本当に必要なものなのか、商品を実際に見比べながら吟味するために、来店するのです。「人とはかぶりたくないけれど、信頼できるものがほしい」という強い意識があることがうかがえます。

そのようなお客様の心理に応える**クロージングトークとして「○○な方から人気です」という言葉づかいがあります**。

たとえば、お客様がスーツケースを探している場合、「ふだんから出張などで頻繁に使う」人なのか「年に1回海外旅行する程度」なのかなど、お客様によってニーズが異なります。それなのに、どのお客様にも「このスーツケースは人気があります」と言っていては、説得力に欠けてしまいます。「お客様のようにス

ーツケースを使うのは年1回、という方に人気があります。こちらは使わないと
き、半分の厚みでコンパクトに収納できる構造になっていることが購入の決め手
のようです」というように、ほかの人がなぜそのスーツケースを選んだのかを聞
くと、お客様は安心できます。**自分と似たニーズで選んでいる人と共感すること**
で、**購入のハードルが下がるからです。**

● 接客後に振り返ってタイプ分けをしておく

お客様に合わせたトークをするには、日ごろの接客で得た情報を活かすことが
重要です。「**どのようなお客様が、どのような理由で購入に至ったか」を接客後**
に振り返っておきましょう。

「どのようなお客様」という点では、「年齢」「性別」「テイスト」「ライフスタイ
ル」などでタイプを分けます。先ほどのスーツケースの例なら「めったに旅行し
ないから旅行慣れしておらず、持っていくものがついつい多くなりがち。だけど
ふだんは置き場所がなくて困っている一人暮らしの女性」というようにタイプ分
けします。同じように海外旅行に行くのは年に数回、というお客様が来店したと

き、実例として提案しやすくなります。
商品の検討を購入するときに、ほかの人が何を決め手に購入したのかは、お客様がとても知りたい内容です。その内容に共感できるようにすれば購入のハードルを下げられます。

どのお客様も「売れているもの」がうれしいとはかぎりません。それよりも「自分に合っているのか」「購入している人のリアルな声」を聞き、自分にとって価値があるかを知りたいのです。「自分と似ている人が買っているなら、失敗しない」という安心感と「自分に合わせてピッタリなものが選べた」という特別感を得ることで、お客様の満足度を上げられるでしょう。

「誰に、なぜ、売れているのか？」を説明する

NG

「売れています」「人気です」

「ほかの人と同じものは嫌だ」「はやりものに飛びついているみたいで恥ずかしい」とお客様は感じています。誰にでも使える売り文句は「誰にでも言っているんだろう」と信頼感を下げることになりかねません。

OK

「お客様と同じ○○な方に人気です」

お客様に合わせ、言葉を選びます。その際お客様と似た条件の人の購入理由や使用感を話すと、お客様からの「なるほど」を引き出せます。説得力を高めるために、相手の特性を見極めましょう。

09

堅すぎる敬語はお客様を遠ざける？

奈緒は接客をする際、敬語を「堅すぎず、カジュアルすぎず」にするといいことに気づきました。**お客様と気持ちよく会話するうえで敬語は欠かせませんが、過度の敬語はよそよそしくて距離感を覚えるお客様もいる**ようです。

お客様に不快感を与えず、ストレスなく接客を受けてもらうためにはどのような言葉づかいが適切でしょうか。

正しい敬語はかえって堅くなりがち

とある雑貨店で接客をしていたときのことです。その店は、髪の毛の色やマニキュアの色にも細かい指定があるようなマナーに厳しいブランドでした。お客様への対応マニュアルにも、「そうですか」ではなく「左様でございますか」、謙遜

の言葉は「とんでもないことでございます」と返すことを奨励されていました。

ある日、年配の女性が来店しました。気さくな方で「外は雨が降っているわよ」「あなたの着ているもの、素敵ね」と声をかけてくれました。私はそれにマニュアルどおりの敬語で答えました。

すると、女性は少し悲しそうな顔をして「ずいぶん、かしこまった言い方をするのね。歳をとると、みなさんなかなか仲よくお話ししてくれないのよ」と言いました。

正しい言葉づかいをすれば間違いないと考えていた私は、この言葉を聞いて敬語の使い方を考えるきっかけになりました。

接客だからと、堅い敬語ばかりを使っているとお客様との会話がぎこちなくなり、壁を作ってしまうこともあるのです。

「左様でございますか」はやりすぎになることも

接客では、お客様との会話から、要望を導き出していきます。その際、堅苦しい敬語を多用して、お客様との間に壁ができ、お客様が思っていることを話しにくくなってしまうようなら本末転倒です。しかし「タメ口」で話すこともお客様になれなれしいと感じさせてしまいます。それでは、どのような話し方をすればいいのでしょうか。

正しい敬語を習得していることを基本としたうえで、お店の客層やお客様の話し方に合わせて言葉を選びましょう。

先ほどの気さくな女性の例なら、「左様でございますか」よりも「そうなんですか」と答えたほうが、「とんでもないことでございます」と謙遜するよりも「ありがとうございます」と素直にお礼を伝えたほうが、好感度が上がるでしょう。

敬語を感じよく使い分ける

店で接客を受けていると、敬語を感じよく使い分けている販売員がいます。その人たちに共通しているのは、崩した敬語を使いながら、所々に正しい言葉づかいを意識しているところです。

販売員「平山様、そちらのスカート、きれいな色ですね」
私　「ありがとうございます。最近買ったばかりなんですよ」
販売員「そうなんですか。すごくお似合いです」
私　「うれしいです。でも、何に合わせたらいいかよくわからなくて。何か合うものあったら教えてください」
販売員「かしこまりました。ぴったりなお品物が入荷してますよ」

このように、カジュアルな言葉にしっかりした敬語を織り交ぜながら話します。この例なら「○○様」「そちら」「かしこまりました」が当てはまります。名前は「さん」ではなく「様」を付けましょう（お客様からのご要望があればニックネームや「さん」づけでもいいでしょう）。ものを表現するときは、「それ」ではなく「そちら」と応対します。つい「やつ」が口をついて出てしまうクセがある人は注意したいものです。また、受け答えは「かしこまりました」と応対しましょう。

ほかにも「店長」ではなく「店長の○○」、「ごめんなさい」ではなく「申し訳ございません」、「お母さん」ではなく「母」と、言葉を選びましょう。間違った敬語にも気をつけてください。「よろしかったでしょうか」ではなく「よろしいですか」。「○○円のおつりになります」ではなく「○○円のおつりです」と言うようにしましょう。

お客様の要望を伺うためには、話しやすい雰囲気づくりが欠かせません。販売員、お客様ともにリラックスして話ができるようにするために、敬語の使い方を見直してみましょう。正しいか正しくないかを意識しすぎるよりも、お客様との会話を楽しんでみることから始めてはいかがでしょうか。

堅すぎる敬語に気をつけよう

NG

「左様でございますか」

「会社のお帰りでいらっしゃいますか」

正しい敬語を使うことはもちろん大切なことです。しかし、堅すぎる敬語はお客様を身構えさせてしまいます。一方、「タメ口」もなれなれしい印象を与え、不快にさせてしまいます。

OK

「そうなんですか」

「会社帰りですか」

お客様に合わせて、ふだんから聞き慣れている敬語を使いましょう。随所で正しい敬語を使えば、折り目正しい印象を与えることができます。

10

閉店5分前はゴールデンタイム

予算ぎりぎりの閉店前。あきらめムードが漂《ただよ》う店に突然現れた里香は、奈緒に「閉店直前の時間帯にいるお客様は買いたい気持ちが一番強くなってるの」と言いました。お客様もまばらになった閉店前は、早く閉店するための作業を終わらせて帰りたいもの。しかし、里香の言うとおり閉店5分前は大きなチャンスが眠っているのです。

閉店前に来るのは購買意欲や必要性が高いから

とある商業施設へ友人と買い物をしに行ったときの話です。忙しい仕事をなんとか終わらせ、閉店30分前にぎりぎり滑りこんだのです。

友人は翌日に親戚との大切な食事会をひかえており、その服を探していました。つまり、購入のチャンスはその時間しかなかったのです。かぎられた時間の中でなんとかぴったりな服を買おうと、彼女は商品をいくつも手にとりました。

しかし、販売員から声をかけられることはありませんでした。どのショップでもレジを締める作業で一所懸命だったのです。

友人は「忙しそうなのに声をかけるのも悪いかな」と言いながらも、焦っているようでした。

奈緒…あなたへ
最後に教えておくわ
閉店5分前…この時間帯を
大事にできない人は
絶対にトップには
なれない

このように、閉店時間前のお客様は購買意欲や必要性が高い傾向にあります。ネット通販が当たり前になった昨今ですが、「翌日に着たい」「どうしても試着がしたい」「購入の目的がある」などの理由で店頭に慌てて駆け込むお客様がいます。このことを理解している販売員は、閉店ぎりぎりまで売上をあきらめません。

先ほどの友人ですが、「仕方ないから家にあるものをなんとか組み合わせようか」となかばあきらめながら入った別の店で、販売員から声をかけられました。

友人は手にとったものだけではなく、勧められたコーディネート商品の購入も次々と決めていったのです。友人は「いいなと思っても、買うきっかけがないと買えないんだよね。販売員の人から話しかけてもらうと、買おうって踏ん切りがつくから助かる」と言いました。

閉店前はお客様も少なく「もうすぐ閉店するし」とあきらめがちです。しかし「まだ販売のチャンスがある」というスタンスで臨めば、売上にもつながり、お客様からも喜ばれるのです。

閉店作業をしながらも待機の姿勢をとる

一方で、営業時間中に済まさなければならない作業もあるでしょう。閑散とした売り場で待機の姿勢をとることが意味をなさないときもあります。そのような

場合は、作業と接客のバランスをとりながら売り場に立ちましょう。

基本的なことですが、二人いるときは作業と接客を分担します。二人で仕事の打ち合わせをするなど、店内で固まっている状態は好ましくありません。お客様は接客されなくて気が楽と感じる反面、他人のテリトリーに入っているようで居心地が悪いと感じます。そうすると商品を手にとりにくく、滞在時間が少なくなるため声がけのチャンスが減ってしまいます。

店頭に一人で立つときは、入店したお客様だけでなく、通路を歩いているお客様に意識を向けましょう。意識を向けておかないとお客様の入店と同時に、作業をやめたりレジから出ていったりすることになり、「売り込みにくる」と警戒されるからです。

通路にお客様の姿を見つけたら、お客様がこちらを認識する前にさりげなく商品を整えるような感じで売り場に出ておきましょう。お客様の警戒感を和らげられますし、お客様が接客を受けたい空気を出したタイミングに合わせてファーストアプローチをしやすくなります。

また、販売員に閉店前なので急いで接客をしなければ、という気持ちが表れてしまうと、お客様まで焦ってしまいます。そのため、かえって購入を迷わせてしまうこともあるようです。**「もう閉店時間よね」とお客様が焦った様子を見せたら、「はい、○時閉店ですがじっくりご覧になってください」と落ち着いて答えましょう。**

閉店前や開店直後の慌ただしい時間はついつい作業を優先しがちです。一方、お客様にとってはいつもと変わらない楽しい買い物の時間です。また、店にとっては売上を伸ばすための絶好のチャンスの時間でもあります。このような時間を見直し、作業と接客のバランスを考えて売り場に立っていきましょう。

閉店前も待機の姿勢を意識する

NG

（閉店前など）作業中でお客様を無視する

「お客様も少ないし、早く帰りたい」と思う閉店前は、つい作業に没頭しがちです。閉店前のお客様は購入率が高い傾向があるので、積極的に接客をしたいものです。

OK

（閉店前など）お客様の様子を見て、待機の姿勢をとる

作業しながらも、お客様が入店しやすい待機の姿勢を心がけましょう。通路から歩いてくるお客様が気づく前から作業の手を止め、売り場に出ます。いつでも接客できる体勢を整えましょう。

Column

4 説得しようとしない

私が勤務していたアパレルの店で、複数の商品を買ってもらう「セット売り」が上手な先輩がいました。

「どんなクロージングをしているのだろう？」と先輩を観察すると、説得するような言葉はほとんどありません。

先輩は、お客様を鏡の前に案内し、商品を当ててもらいながら、ふだんの服装や最近買ったものや、服を着るときに困っていることを聞きながら、手元を動かして商品を選びコーディネートを見せていきます。お客様の反応があまりよくなければ、ほかの商品を組み合わせていきます。

先輩がそうしていたのは、目の前にある１点の商品だけでは、お客様のことはわからないからです。反応を見ながら、「かわいい感じが好きそうだと思ったけど、この組み合わせは微妙そうだ。こういうのを持っていないのかも。それとももともと抵抗があるのかな」などと、推測の幅を広げ、ニーズを把握しようとしていたのです。

先輩が、コーディネートを見せると、お客様も「こういう組み合わせもいいですね」「こういうのを持っていなかったけど素敵ですね」などと納得して、「じゃあ、これもください」と複数の商品を購入していたのです。結局、その先輩がお客様を説得する姿は一度も見たことがありませんでした。

クロージングとは、「説得して買わせる技術」ではなく、「選ぶきっかけをつくる技術」です。ゴールは、「これがほしかった（必要だ）」とお客様に気づいてもらうことです。これが実現したとき、お客様の満足度が高まるのです。

EPILOGUE

7年後――
ever n' ever池袋店
ever n' ever
店長
糸井 里香
ホッ…
フッ
きれいなシルエットですよね

つまらないことで悩んでいないの
でも…私…うまく接客できないんです
カラッ
そういえば昔あなたみたいな子がいたわ
最初は見てられないほど不器用だったけど
あっという間に私を追い越した
その子はね…
お客様を大事にするために接客の言葉を身につけて

店長さん 私みたいなオバサンには派手じゃない？
みなさん この色を見てご心配なさるんですよね
でもお客様の肌のトーンとよく合ってますよ
こないだ話してくれた店長さんのおすすめ新商品って？
覚えてくださってて ありがとうございます
こちらのワンピースです 加納様
言葉を使いこなすことで自信を持てるようになった
アドバイスされたコーデ 彼にほめられました！
いいなあ～ 幸せそうですね！
その自信がお客様の安心へと変わって
ever n' ever 新宿店
コツ…

どうぞ ごゆっくり 見ていって くださいね
まどかさん
あの… 明日から 配属になるので 店長に ごあいさつに 来ました
販売員は 接客を通して
お客様の人生を 変えることもある
一度彼女に 鍛えてもらうと いいわ
高山奈緒です
よく来て くれたわね
大丈夫
あなたも 売れる販売員の 接客の言葉を 身につけられるから

「接客の言葉」に気持ちをこめて――おわりに

ここまでお読みいただき、ありがとうございました。

現在、十分な働き手を確保できている売り場は少ないでしょう。販売員は、事務作業やストック整理などの作業に追われ接客に専念できない状況で、売上をあげることを求められています。

こうしたなかで、本書では、販売員のみなさんが売上をあげるのをサポートするために、「売れる販売員が絶対言わない接客の言葉」を紹介してきました。

これらの言葉とともに大切にしてほしいのは、「お客様の心に寄り添って、気持ちをこめること」です。

お客様が販売員に求めているのは、「自分の立場に立って、商品選びをサポートしてくれること」です。この期待に応えるためには、表面的な言葉だけでは不十分で、お客様の心に寄り添うことが欠かせません。

たとえば、語尾を言い切る「〇〇です」という言葉も、商品知識と自信が身について初めてお客様の心に響く言葉になります。

本当に必要なのは、言葉を変えるとともに、お客様のために知識を蓄え、適切なタイミングで使えるように試行錯誤することです。

言葉を磨きながら、商品知識や接客スキルも磨いていけば、「売れる販売員」になれるでしょう。

まずは、本書で紹介した言葉を、売り場で実際に使ってみてください。何度も使っているうちに、コツがつかめてきて自分自身の言葉になるはずです。

そして、「お客様の心に寄り添った言葉で接客できているか?」を意識しながら、自分の売り場やお客様に合った言葉をどんどん増やしていってください。

そうすれば、お客様からの信頼を得られ、「ファン＝顧客」になってくれるでしょう。

本書の内容が、お客様に「あなたから接客を受けてよかった。ありがとう」と思ってもらえるきっかけになれば、著者としてこれ以上の喜びはありません。

2019年10月

平山枝美

作画
たかうま創 (たかうま　はじめ)
『くろねこルーシー』(KADOKAWA)作画にてデビュー。大阪アミューズメントメディア専門学校・マンガ学科にて講師を務める傍ら、小説の挿画やビジネス書籍のマンガなど幅広く活躍。作画を担当した作品は『サバイバル! 炎上アイドル三姉妹がゆく』(創元社)、『マンガで学ぶ はじめてのエクセル』(マイナビ出版)ほか多数。

シナリオ
新田哲嗣 (にった　あきつぐ)
劇作・演出家、演技コーチ、シナリオライター。日本放送作家協会会員。実用書、マンガシナリオを中心とした執筆活動のほか、舞台演出・脚本を多数手がけ、演技指導も行なう。演技術の研究サロン「Dialogue Design Lab」を主宰。主な作品に『出口汪のマンガでわかる論理的に話す技術』(SBクリエイティブ)。

平山枝美（ひらやま　えみ）

接客アドバイザー。大学卒業後、アパレル企業に入社。入社当初は売り場でまったく声をかけられずに棒立ちしていたものの、売れる販売員は接客の「ひと言」を効果的に使っていることに気づく。以来、接客のひと言に磨きをかけ、社内全販売員200人の売上トップに。その後、店長として新規店を担当し予算比180〜200％達成し、入社最速でエリア・マネジャーに抜擢される。担当店舗のマネジメントと店長の育成を担当しながら、不採算店舗を次々と立て直し、売上年間10位だった既存店を１位に押し上げるなどの実績を残す。その手腕を活かし、全国の店長育成を担当。大手アパレル移籍後も、店長の育成に携わったのち独立。現在は、無印良品（良品計画）、大型商業施設、インテリア小売店など、アパレルに留まらず小売業全般の接客アドバイスを手がける。現場の販売員の悩みを熟知したアドバイス・研修は、「言われたとおりに接客したら売上アップした」などと好評で、満足度アンケートで最高評価98％と現場の販売員から人気を誇る。雑誌『ファッション販売』などに寄稿。著書に『売れる販売員が絶対言わない接客の言葉』（日本実業出版社）がある。

マンガでわかる

売《う》れる販売員《はんばいいん》が絶対言《ぜったいい》わない接客《せっきゃく》の言葉《ことば》

2019年10月20日　初版発行

著　者　平山枝美 ©E.Hirayama 2019
発行者　杉本淳一

発行所　株式会社日本実業出版社　東京都新宿区市谷本村町３−29 〒162-0845
大阪市北区西天満６−８−１ 〒530-0047

編集部　☎03-3268-5651
営業部　☎03-3268-5161　振　替　00170−1−25349
https://www.njg.co.jp/

印刷・製本／リーブルテック

この本の内容についてのお問合せは、書面かFAX（03−3268−0832）にてお願い致します。
落丁・乱丁本は、送料小社負担にて、お取り替え致します。

ISBN 978-4-534-05730-3　Printed in JAPAN